AF196497

Dominik Hölzen

Im Bann der Rocky Mountains

700 Kilometer zu Fuß durch Kanadas Wildnis

Verlag und Druck:
tredition GmbH
Halenreie 40-44
22359 Hamburg

Bibliografische Information der Deutschen Nationalbibliothek:
Die Deutsche Nationalbibliothek verzeichnet diese Pu-
blikation in der Deutschen Nationalbibliografie; detail-
lierte bibliografische Daten sind im Internet über
http://dnb.d-nb.de abrufbar.

Für die Wildheit

Der Zustand unberührter Natur

Inhalt

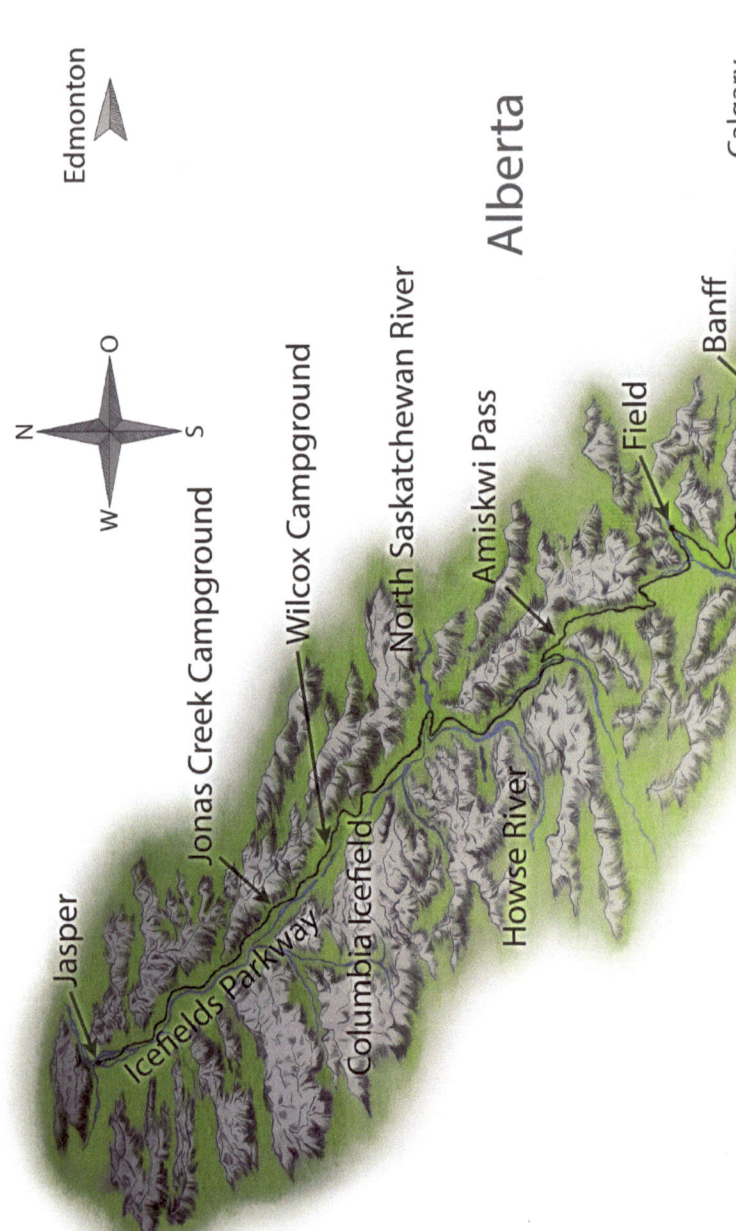

Edmonton

N
W O
S

Alberta

Calgary

Banff

Field

Amiskwi Pass

North Saskatchewan River

Wilcox Campground

Jonas Creek Campground

Columbia Icefield

Icefields Parkway

Howse River

Jasper

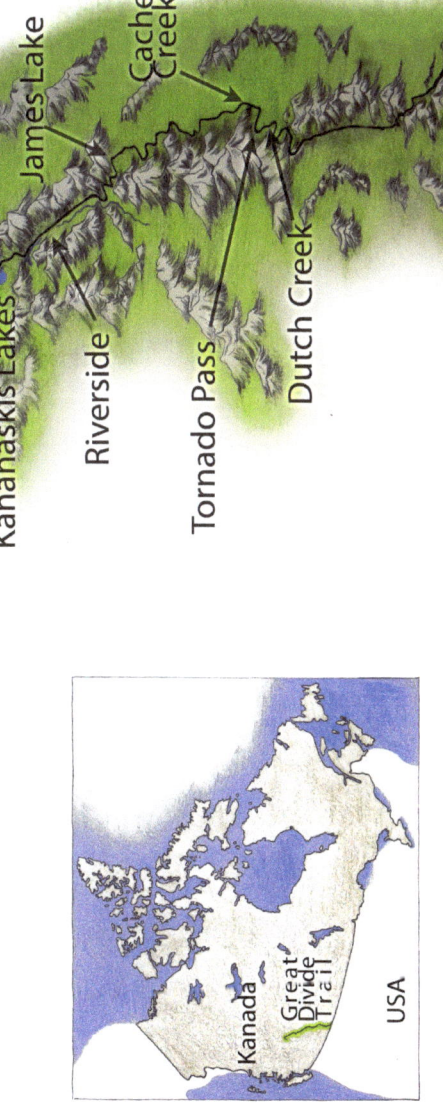

British Columbia

Rockwall Pass

Floe Lake

Spray Lakes

Birdwood

Kananaskis Lakes

James Lake

Cache Creek

Riverside

Tornado Pass

Dutch Creek

Crownsnest Pass

Kanada

Great Divide Trail

USA

Rocky Mountains, Kanada

Kapitel 1

AUFBRUCH

Es ist Nacht. Drückende Hitze durchschießt seinen Körper. Er fühlt sich, als ob er in einem leeren Raum direkt neben seinem Herz sitzt und das beschleunigende Pochen wahrnimmt. Wie in einem Kokon gefangen, der sich mal in weißen Schleiern, mal in absoluter Dunkelheit verliert, nimmt er alles nur schemenhaft war.

Langsam kommt er zu sich und spürt den kalten Schweiß in seinem Nacken. Es ist stockdunkel und kühl. Die dünne harte Isomatte, auf der er liegt, macht sich bemerkbar. Wo ist er?

Mit der ersten Bewegung stößt sein warmer Schlafsack an die Zeltwand, sodass das kleine Zelt heftig wackelt, und im selben Moment fällt es ihm wie Schuppen von den Augen, welches vertraute markante Gefühl da gerade immer stärker wird. Dieses vertraute Gefühl, von dem er, wenn es hart auf hart kommt, in ein Koma fällt und nicht mehr aufwacht. Schon seit seiner Kindheit, damals im Krankenhaus, hat er von Leidensgenossen gehört, denen dieses Schicksal zum Verhängnis wurde. Ein Horror seit seinem zehnten Lebensjahr.

Er muss zum See, dem *James Lake*, ansonsten könnte es das endgültig letzte böse Erwachen sein.

Seinem Körper hat er zuvor einiges abverlangt. Seit Tagen. Und sein *innerer Freund* hat dies bislang auch gut durchgestanden. Doch jetzt gerade nicht. Mit zittrigen Händen und einem presslufthammerartigen Herzschlag scheint es ihm, als ob er auf heißen Kohlen innehält und der Boden unter ihm langsam zerfällt.

Mit einem tiefen Seufzer öffnet er seinen Schlafsack, nimmt die Stirnlampe aus der Ecke und stülpt sie sich über. Der Lichtkegel erhellt den Innenraum des Vorzeltes und da liegt er: griffbereit, ordentlich zusammengerollt, so wie in jeder der letzten Nächte. Ihm ist es wichtig, dass alles geordnet ist. Alle seine spartanischen Überbleibsel der Zivilisation. Sie gibt ihm Sicherheit, diese Ordnung. Sicherheit, die er hier vielleicht gar nicht hat.

Nun nimmt er ihn hoch, schnallt ihn sich um und überprüft, wie jedes Mal, ob der Sicherheitsverschluss fest sitzt. Er will sich damit nicht selbst wehtun.

Die Dunkelheit verschlingt den Wald. Die Stille findet jede Ecke am Waldboden und jedes Stück Rinde bis zur Baumkrone. Kein Windstoß. Kein einziges Knacken aus der Tiefe des Waldes. Das schwache Licht seiner Kopflampe kreuzt sein kleines Zelt, das rot-weiße neben ihm und die ringsherum auf dem Boden liegenden toten Baumstämme. Ein Naturfriedhof.

Er geht in Richtung des Sees, gradlinig durch den schwarzen Umhang, der sich auf den bergigen Wald geworfen hat. Er räuspert sich alle paar Meter. Absichtlich. Um etwas zu verjagen, das er noch nie zuvor zu Gesicht bekommen hat. Jeden Schritt auf dem kargen Trampelpfad setzt er vorsichtig. Der unscheinbare Pfad, von Tannennadeln übersät, gleicht in der Dunkelheit einem Messerschnitt, einer kalten Umarmung in dieser drückenden Finsternis.

Da ist sie, die Anhöhe neben dem See. Ein unscheinbarer Spiegel durchschneidet das Panorama des Schattens. Auch auf dem Waldsee, der die Form einer Raute hat, ist es still. Langsam erkennt er die Umrisse der beiden Nadelbäume, an denen die Packsäcke hängen. Er hat nur Augen für einen Packsack: den roten. Er klettert den Baum an dem Balken hoch, der extra quer drangebunden ist. Die Baumrinde ist von Krallen zerkratzt.

Während er im Baum hängt, gleitet seine Hand rüber zum Ast, an dem sein Packsack hängt. Plötzlich stockt ihm der Atem, während sich die Schnalle vom roten Packsack löst und in seine Hände fällt …

Sieben Monate zuvor

Hamburg. Rotlichtmilieu. Auf der bekanntesten Straße der Hansestadt tummeln sich wie jeden Morgen die letzten Betrunkenen entlang der S-Bahnstation. Ein immerwährendes Schauspiel, auch jetzt, trotz kühlerer Temperaturen.

Ich öffne das Fenster meiner dreißig Quadratmeter großen Einzimmerwohnung. *Die gleiche Prozedur wie jeden verdammten Tag*, denke ich. Aus dem *Pink Pala-*

ce ertönt wie fast jeden Morgen laute Musik, um die letzten Betrunkenen anzulocken.

Die Beleuchtung im knalligen Pink hellt sich auf und im Laufkegel von Dutzenden Lampen blendet es mir schrill entgegen. Genau gegenüber meiner kleinen Wohnung liegt das riesige Gebäude mit Fenstern, die mit Folien von Frauen in Sexstellungen beklebt sind. Alles in Pink. Es ist in Hamburg das größte *Laufhaus*, wie es genannt wird, wegen Steuerhinterziehung und Gewaltdelikten schon so manches Mal im Visier der Polizei.

Ein paar Prostituierte haben ihr Fenster auf Kipp, um ebenfalls zu lüften. Beim Anblick dieses Ambientes gähne ich und trotte langsam über meinen lackierten alten Hamburger Parkettboden. Warum musste bloß mein Wecker klingeln? Kann man den Morgen nicht per Grundgesetz abschaffen? Der Wecker und ich werden in diesem Leben keine Freunde mehr.

Im Badezimmer erblicke ich im Spiegel eine Person mit dicken Augenringen und zerzausten Haaren, die wohl ich selbst zu sein scheine. Wer ist dieser Typ da, der mir gegenübersteht? Ein Idiot? Hängende Schultern, strubbelige Haare … Der Tag kann nur besser werden. Oder nicht?

Ich wische mir den Schlaf aus den Augen und versuche, im Badezimmer mit einer warmen Dusche und weiteren Wischi-Waschi-Aktivitäten einen halbwegs ansehnlichen Menschen aus mir zu machen. Ein gewagtes Unterfangen, aber was tut man nicht alles.

Hemd an. Kragen sitzt?

Ich schlendere das Treppenhaus hinunter, das schon bessere Tage gesehen hat. Fast jede zweite hölzerne Wohnungstür hat neben Sankt-Pauli-Aufklebern im Bereich des Türschlosses markante Kerben versuchter Einbrüche. *Ein gutes Gefühl*, denke ich grinsend.

Unten im Treppenhaus ist der Boden in einigen Ecken nass und klebrig. Es riecht streng. Gestern war wie jeden Donnerstagabend *Studentenremmidemmi* auf dem Kiez. Im Rausch pinkelt der eine oder andere dann in die Ecken des Treppenhauses.

Während ich die Haustür öffne, blicken mir zwei Männer mit weit aufgerissenen Augen entgegen. Sie stehen direkt vor dem Eingang. Mit kühlem Blick machen mir die beiden sofort Platz. *Die schon wieder*, denke ich. Ein verhaltenes »Moi« klingt mir entgegen. Ein müdes »Moin« erwidere ich.

Nach ein paar Schritten gehe ich die Treppe zur S-Bahnstation Reeperbahn hinunter. *Mein Keller*, wie mein Vater vor eineinhalb Jahren beim Einzug in meine Wohnung mit einem verschmitzten Lächeln anmerkte. Betrunkene Menschen torkeln mir entgegen.

Und da stehen sie wieder in der Ecke, wie fast jeden Morgen. Sie halten eine Metallpfeife, eine brennende Zigarette und ein paar Plastikkügelchen in der dreckigen Hand; zusammengekauert, leicht zitternd und mit verstörtem Blick. Man kann sie gleich auf den ersten Blick erkennen, so markant ist ihr Erscheinungsbild. Sie sind sicher auf dem Weg zu meiner Haustür, um bei den beiden Afrikanern Stoff zu kaufen, nur noch ein Pfeifchen vorweg.

Ein Wirrwarr aus schlagerartigen Gesängen schallt mir entgegen, während ich ganz unten in *meinem Keller* den Bahnsteig erreiche.

Blitzartig fährt der rotmelierte, mit cremeweißen Streifen versehene Zug der Hamburger Hochbahn ein und steht direkt vor meiner Nase. Ein lautes Zischen der Bremsen ertönt. Automatisch knallt die doppelseitige Türe auf, ich begebe mich ins Zugabteil und setze mich mit einem tiefen Atemzug auf die Sitzbank. Im Hintergrund werden die schlagerartigen Gesänge der Betrunkenen lauter, bis die Türen sich schließen und der Zug abfährt. *Habe ich oder haben die jetzt alles richtiggemacht*, grüble ich. Ich glaube, die. Oder nicht?

Ich sacke auf meinem Sitz leicht zusammen. Mein Tagesrucksack steht neben mir. Täglich fast immer nur das Gleiche.

Meine Augen wandern, während der Zug Altona verlässt, über die endlosen Häuserkomplexe, die sich rechts und links des Gleises befinden. Altbauten und schillernde Glaspaläste. Alles vollgebaut, soweit man sich bemüht zu gucken.

Noch vor fünf Monaten war es anders, als ich mit meinen Freunden Jan und Andi zwei Wochen durch den *Sarek Nationalpark* im tiefen Norden von Lappland wanderte, in einer bergigen Wildnis, die kompromisslos ist und keine Fehler verzeiht. Unwegsam und frei. Das genaue Gegenteil von den an mir vorbeiziehenden Zivilisationsbauten dieser Leistungs- und Konsumgesellschaft. Was würde ich jetzt dafür tun, mich zurückzubeamen.

Das Beschleunigen des Zuges drückt mich erneut in den gepolsterten Sitz. Im leicht schimmernden Spiegelbild des Zugfensters erblicke ich mich in Hemd und schwarzer Krawatte. Ich zurre meinen Kragen zurecht und fahre mir mit einem tiefen Atemzug durchs Haar.

MEDICINE CHANT

»Diese Landschaft ist über ewige Zeiten entstanden. Jetzt musste ich erst so alt werden, um diese Wildnis erleben zu können«, spricht mir eine junge Wanderin auf dem Bildschirm des Laptops entgegen.
Plötzlich erscheint auf der Seitenleiste von *YouTube*, auf der weitere Videos vorgeschlagen werden, ein Clip, auf den ich sofort klicke. Der Song *Medicine Chant* von *Anilah*, einer kanadischen Sängerin, die von den *Selkirk Mountains* im Westen Kanadas kommt, erklingt in meinen Ohren. Sie verbindet Schamanismus mit modernen Elementen und verwebt eine ätherische uralte Klangwelt. Bei dem Lied und dem fünfzehnminütigen Video mit schroffen Bergen und endloser Wildnis bekomme ich Gänsehaut. Dieser Song, *der Schrei der Berge*, geht mir bis auf Weiteres nicht mehr aus dem Kopf. Tagelang.
Wo ist das?
Das Klackern der Tastatur meines an sieben Stellen zusammengeklebten Laptops ist laut in meinem Wohn-

zimmer zu hören. Wort für Wort hämmere ich meine hin und her kreisenden Gedanken in die nicht ganz sauberen Tasten. Stundenlang klicke ich mich von der einen Internetseite zur nächsten und informiere mich über die Region des Videoclips. Vom Puma, Kojoten, Wolf, Weißkopfseeadler bis hin zum Bären sind dort zahlreiche Wildtiere vertreten. Die schroffen scharfkantigen Felsformationen der Rocky Mountains stehen für ein natürliches Wahrzeichen wie kein anderes. Die dinosaurierartigen Zacken schlängeln sich von der *Kakwa Wilderness* im Norden über den gesamten Westen Kanadas, über Amerika bis hin nach Mexiko. Türkisblaue Seen, schneebedeckte Gipfel, eisige Gletscher und endlose Wälder. Die Rocky Mountains verlaufen entlang der Kontinentalen Wasserscheide. Ein Grenzverlauf zwischen benachbarten Flusssystemen. Im englischen Sprachgebrauch ist die *Great Divide* die Kontinentale Wasserscheide in Nord- und Zentralamerika, die die Einzugsgebiete jener Flüsse voneinander trennt, die in verschiedene Ozeane fließen. Dabei handelt es sich um den Pazifik, gen Westen, den Arktischen Ozean, nach Norden, und den Atlantischen Ozean über den Golf von Mexiko in südöstliche Richtung. Der größte Teil der Wasserscheide folgt dem Gebirgskamm der Rocky Mountains. Einen Teil dieser Bergregion, der zweitgrößten der Erde, zu bewandern, wäre ein einmaliges Erlebnis; in einem atemberaubenden Gebiet, mitten in der Wildnis.

Immer wieder schaue ich das meditative Video, bis meine weit aufgerissenen Augen langsam über meine zwei Wandfototapeten in Lagunenoptik wandern. Die abgebildete Lagune ist mit einem dicht bewaldeten bergigen Ambiente künstlich in einem Bild dargestellt. Alles zusammengedrückt, wie der Raum, in dem ich sitze. Das Hupen der Autos und die laute Musik aus dem *Pink Palace* dringen durchs Fenster. Ich öffne es und schaue auf die Reeperbahn. Ein buntes Treiben auf den Straßen. Tausende Menschen drängen sich über die Bürgersteige in der Kälte. Die unzähligen Autos und hell erleuchteten Clubs machen die Nacht zum Tag. Meine Gedanken festigen sich, während der *Schrei der Berge* noch immer in meinem Kopf nachhallt.

Februar

»Wie kann ich dir helfen?«

»Ich … äh, ich will das hier aufhängen.«

»Kein Problem. Am schwarzen Brett ist noch Platz. Schreib' am besten drauf, wie lange dein Zettel ausgehängt werden soll.«

Mit langsamen Schritten gehe ich zwischen den zahlreichen Kunden zum schwarzen Brett des Outdoorladens *Globetrotter*. Einige Zettel mit Fotos und Beschreibungen hängen an der Wand. Gebrauchte Wanderausrüstung zum Verkauf, Informationen zu Veranstaltungen und ein paar Zettel, die meinem ähneln. Auch andere Menschen suchen das, was ich suche.

Mit Reißzwecken befestige ich das Papier, an dem eine ausgeschnittene Farbfotografie mit schroffen Bergen unter meinem Text klebt. Der gleiche Text ist online im Internetforum. Ich lese ihn noch einmal:

Hallo!
Ich möchte im August eine Wandertour in Kanada machen. So wie es mir momentan vorschwebt, in den kanadischen Rockies. Es gibt dort den sogenannten Great Divide Trail (GDT). Einen Abschnitt von diesem Trail möchte ich wandern, Mitte August, vier Wochen.
Da ich niemanden in meinem Freundes- und Bekanntenkreis finde, der Lust hat, mit mir diese Tour zu unternehmen, versuche ich nun auf diese Weise, jemanden zu finden. Es können auch gern mehrere Tourpartner sein. Wenn es passt, passt es.
Die Wanderung soll mit Selbstversorgung durch Kocher, Proviant, Zelt, Schlafsack etc. durchgeführt werden.
Ich heiße Dominik und bin 30 Jahre alt. Trekkingtouren mache ich bereits seit einigen Jahren mit Begeisterung. Ich liebe es einfach, draußen zu sein, fernab der Zivilisation.
Hast Du Lust und Zeit, einen Teil vom Great Divide Trail mit mir zu wandern? Hast Du auch schon ein paar Trekkingtouren gemacht und verfügst über die entsprechende Ausrüstung? Oder hast du bereits Erfahrung mit Kanada oder Bergerfahrung?
Dann kannst Du mich gerne kontaktieren. Alles Weitere kann man dann besprechen.
Viele Grüße
Dominik

APRIL

»Nein. Nicht über Reykjavik.«

»So sparst du aber fünfhundert Euro und hast noch einen kurzen Aufenthalt auf Island.«

»Dann muss ich aber viermal umsteigen und wäre noch fünfzehn Stunden länger unterwegs … Nein, nein.«

Der Dunkelhaarige, Mitte zwanzig, tippt in die Tastatur und guckt auf den leuchtenden Bildschirm des Computers. Im Hintergrund klingen von den Schreibtischen andere Ländernamen herüber. Die Wände sind mit Weltkarten tapeziert.

»Hier, ich hab's.« Er dreht mir den Bildschirm hin.

»Das ist die zweite Variante, die wir vorhin hatten.«

Ich nicke. »Kann man bei euch eigentlich mit Kreditkarte zahlen?«

Mit einem Lächeln öffne ich wenig später die Glastür und gehe am Millerntor-Stadion entlang zur U-Bahnstation *Feldstraße*. Meine linke Hand wandert zu meinem Bauch, während ich in die Bahn einsteige und zum Kiez fahre.

Vorbei an den am Boden Sitzenden mit ihren brennenden Zigaretten und Joints in der Hand gehe ich zu meiner Haustür. Angekommen an meiner Wohnung, taste ich erneut an meinem Bauch entlang und schaue hinter mich, bevor ich das eingebaute Zusatzschloss und das Türschloss öffne.

Plötzlich klingelt mein Smartphone.

»Marco, du Poseidon. Was geht?«, frage ich.

»Sag mal, hast du genügend Bier in deiner Wohnung?«

»Ich habe vielleicht noch drei Dosen im Kühlschrank …«

»Digga, dein Ernst? Ich bin in einer halben Stunde bei dir.«

»Okay, okay. Ich geh noch zu Penny runter.«

»Astra Rakete, bitte. Die Tante-Emma-Kneipe macht sowieso erst später auf. Hast du es jetzt eigentlich gemacht?«

»Ja, die Flüge sind gebucht.«

»Das feiern wir, Digga. Wenn man anderthalb Riesen ausgibt, muss man das einfach mit Alkohol beölen. Bis gleich.«

Ich ziehe mein Shirt aus der Hose und befreie mein Ticket in die Wildnis. Unter dem Wohnzimmerteppich verstecke ich ihn, den Din-A5 großen Umschlag, mit der Aufschrift *Reisen für Weltentdecker*.

MAI

Ein Teppich aus wasserdichtem Papier liegt auf dem glatten Parkettboden, leicht glänzend, wie eine Schwelle in eine andere Welt. Mit Mühe stolziere ich über die wenigen freigebliebenen Stellen. Acht Wanderkarten, frisch abgeholt von *Dr. Götze Land & Karte* am Jungfernstieg, haben fast den kompletten Boden in Beschlag genommen. Ein Meer von blau schraffierten Linien, Seen und Formen in Erdtönen.

Der weiße ovale Couchtisch, den ein paar meiner Freunde *fliegende Untertasse* getauft haben, steht mitten im Wohnzimmer. Auf dem spiegelnden Klavierlack liegen noch der zusammengeklebte Laptop, ein aufgeschlagener Wanderführer und bekritzelte Zettel. Auf ihnen ist das eine Wort durchgestrichen, das andere unterstrichen und mit Ausrufezeichen versehen: *Parks Canada anrufen, Aufenthaltserlaubnisse für die Nationalsparks anfordern, Wildnis-Pass bestellen, neues Zelt kaufen (das alte riecht nach Essen), Proviantpakete organisieren, Visum beantragen, Kreditkarte besorgen* und so weiter. Mein Blick wandert über die wechselnden Zeilenabstände, die mehrere Buchstaben durchstreichenden Querstriche, zusammenfallende Auf- und Abstriche und die mal geschwungenen, mal kantigen Wörter. Auch auf den anderen Zetteln ist kein Platz mehr für ein weiteres Wort.

Ich schaue langsam über die acht Landkarten von *National Geographic* und *GemTrek*. Der sogenannte *Crownsnest Pass*, der *Gebirgspass der Krähennester* soll, wie beschlossen, der Start sein. Das ist 7.240 Kilometer entfernt, in einem Gebiet, 238-mal so groß wie Hamburg, fast ohne Zivilisation, aufgegliedert in Nationalparks und sogenannte *Backcountry Territorien*.

Warum muss in jedem dieser Gebiete ein anderes Recht gelten? Darf man in einem Territorium schlafen, wo man will, so ist es im nächsten strikt verboten. In den Nationalparks wiederum ist es lediglich auf den ausgewiesenen Zeltplätzen, den sogenannten *Campgrounds*, erlaubt. Warum müssen die Campgrounds ausschließlich an festdatierten Tagen vorabgebucht werden? Bürokratie auch dort, wo nichts ist.

Immer wieder schaue ich über die am Boden liegenden aneinandergereihten Landkarten. Der Gesamtüberblick vom *Great Divide Trail* im Detail. Inzwischen ist die vierte Tasse Kaffee leer – beim Versuch, sich mit einem Gebiet vertraut zu machen, das so anders ist als das, was ich zuvor gesehen habe. Größer. Wilder. Rauer. Unbändig und geheimnisvoll. Das sagen mir die Informationen, die da liegen. Auch wenn es nur Papier aus Übersee ist mit den Formen der Berge, der Täler und deren beschrifteten Namen, mit denen ich rein gar nichts verbinden kann. Jedenfalls *noch* nicht.

ABSCHIED

Mitten in der Nacht fährt der dunkelgrüne Opel Astra durch die leeren Straßen. Es ist Samstag, der 12. August. Ein leises Knattern des fast zwanzig Jahre alten Motors ertönt in der Dunkelheit. Am Steuer sitzt mein Vater, der mich bei den Vorbereitungen dieser Wanderung ohne mit der Wimper zu zucken unterstützt hat.

»Und, du Urlauber? Wie hast du geschlafen?«

»Nicht gut. Vielleicht drei Stunden.«

»Kannst ja nachher im Flugzeug schlafen.«

»Hoffentlich klappt alles. Soweit wegzufliegen ist mir suspekt. Erwarten kann man, glaube ich, überhaupt nichts. Und sich darauf verlassen noch weniger.«

»Mach dir nicht so viele Gedanken. Bringt doch nichts. Das wird schon klappen.«

»Ja … Ich muss nur immer an die Nordkalottleden-Tour mit Oscar denken. Weißt du noch? Damals habe ich in Lappland drei Tage auf mein Gepäck gewartet. Das soll sich einfach nicht wiederholen.«

Nur wenige Autos sind auf den Straßen unterwegs. Der Opel saust voran, wie auf einer Milchstraße, die die Verbindung zu einer anderen Galaxie darstellt.

Es stehen bereits mehrere Menschenschlangen im Terminal 2 herum. Ein buntes Treiben wie auf dem Kiez, nur schlagen sich hier die Leute statt mit einem Bier in der Hand mit Rollkoffern durch die Menge.

Umzingelt von den immer mehr werdenden Menschen guckt mich mein Vater mit ernster Miene an. »Ich wünsche dir alles Gute, mein Süßer.«

»Danke, Papa. Mach dir keine Sorgen um mich.«

»Guten Flug.«

Wir umarmen uns. Er klopft mir kräftig auf die Schulter und geht. Nach ein paar Schritten dreht er sich nochmals zu mir um, nickt mir zu und verschwindet zwischen den Menschen.

Während ich mich in die Schlange einordne, sehe ich plötzlich meinen Arzt. »Moin. Schön, Sie hier zu treffen.« »Kennen wir uns?« Seine aufgerissenen Augen kreuzen meinen Blick.

Für den Bruchteil einer Sekunde halte ich inne. Hat er sein Gedächtnis verloren? Alzheimer? »Erkennen Sie mich nicht? Ich bin es. Letztens war ich doch noch in Ihrer Praxis und wir haben darüber gesprochen, wie ich das alles hinbekommen werde.« Ich schaue ihn erwartungsvoll an.

»Ah, das ist mein Bruder.«

»Ach so. Sie sehen genauso aus wie er.«

»Ja, wir sind Zwillingsbrüder. Das ist übrigens meine Frau.«

Die asiatisch aussehende Dame, die neben ihm steht, lächelt mich an, während sich von allen Seiten immer mehr Menschen in die unübersichtliche Schlange einreihen.

»Und wo soll es hingehen?«

»Kanada. Rocky Mountains.«

»Oh, Nordamerika.«

»Und Sie?«

»Ach, wir fliegen nur für ein paar Tage ins Warme zum Entspannen. Nach Spanien.«

»Sehr schön. Dann dauert es ja nicht so lange, bis Sie ankommen.«

»Ja, gewiss. Im Gegensatz zu Ihnen. In Spanien ist es nur momentan sehr trocken. Die haben dort zurzeit große Probleme mit Waldbränden.«

»Das habe ich auch schon in den Nachrichten gehört. Portugal und Spanien sind sehr stark von den Waldbränden betroffen.«

»Hier geht die Schlange weiter.«

»In den Rocky Mountains toben auch seit Wochen Waldbrände.«

»Und dann wollen Sie dahin?«

»Die Kanadier haben die Lage recht gut im Griff. Dort, wo ich wandern werde, ist das Feuer aktuell noch nicht angekommen. Ich bin guter Dinge. Es wird jetzt von Tag zu Tag kälter.«

Beim Blick auf mein Smartphone wird mein Herzschlag schneller. In vierzig Minuten beginnt das Boarding für meinen Flug. Es entwickeln sich hitzige Gespräche in der Schlange, die sich inzwischen mehr als zweihundert Meter durch das Terminal windet. Der letzte Aufruf für einen Flieger hallt durch die Schalterhalle.

»Grüßen Sie bitte Ihren Bruder von mir. Wenn Sie sich nicht mehr an meinen Namen erinnern, dann erzählen Sie ihm, dass ich dieser Verrückte bin, der seit Jahren Langstreckenwanderungen macht. Dann weiß er, welcher Patient ich bin.«

»Alles klar. Ich werde es ihm ausrichten. Guten Flug.«

Auch seine nervöse Ehefrau mit den schmalen Augen nickt mir lächelnd entgegen. »Ihnen alles Gute.«

EUROPA, ADE

London Heathrow, Flughafen, England,
13:30 Uhr Ortszeit

»Ich verstehe Sie nicht. Entschuldigung. Können Sie das noch mal wiederholen?«

Der Mitarbeiter am Geldwechselschalter wiederholt den Satz mit seinem britischen Akzent, den ich auch diesmal nur halb verstehe. Ich nicke. Er macht eine Schublade auf und zieht aus mehreren Bündeln ein paar Scheine. Kanadische Dollar. Er zählt sie vor meinen Augen und packt sie in einen Umschlag mit einer Quittung.

»Vielen Dank, Sir.«

Nach ein paar Schritten und der Überprüfung der Quittung kann ich mir vage vorstellen, was der Mitarbeiter am Geldwechselschalter gemeint hat. Es fehlt die Umrechnungstabelle der Währung.

Ich besorge mir am gegenüberliegenden Schnellimbiss den größten Kaffee, den sie anbieten. *American Coffee*, wie ihn die Engländer nennen. Am Rande der Menschenmengen, die von einem Gate zum nächsten hecheln, nehme ich Platz.

Nochmals rechne ich anhand der Quittung und der kanadischen Scheine die englischen Wechselgebühren nach. Ich seufze. Wäre mein Englisch nur nicht so eingerostet.

GUTEN MORGEN, KANADA
Calgary, Flughafen, Westkanada,
16:10 Uhr Ortszeit, 8:10 Uhr in Deutschland

Der gesamte Gang ist mit Menschen gefüllt. Hunderte Reisende, die dort anstehen. Mein Flug mit *Air Canada* ist verspätet gelandet. Bald schließt der Laden in der Innenstadt von Calgary, den ich unbedingt noch erreichen möchte.

Wie in Zeitlupe bewegen sich die Menschen vor mir, scheinen wie im Roman *Momo* von *Michael Ende* eingefroren zu sein. Ein paar Meter gewonnen, dann stockt der Tross wieder. Der Gang scheint endlos. Vor meinem geistigen Auge sehe ich es passieren: der Laden in der City schließt und der bereits gebuchte und bezahlte Nachtbus ist futsch.

Links im Gang befinden sich mehrere Schalter, aber alle sind geschlossen. Die Schlange taumelt weiter.

Plötzlich bewegen sich einige Leute direkt vor mir in Richtung eines geschlossenen Schalters. Eine Frau mit neongelber Warnweste und einem Funkgerät in der Hand öffnet die Absperrung mit den schwarzen Absperrgurten und der weißen Aufschrift *YYC* – dem Flughafencode vom *International Airport Calgary*.

Ich zücke mein Handy und verschicke mit *WhatsApp* ein Foto der Schlange für international Einreisende.

»Hallo«, grüße ich am Schalterpult den rothaarigen Riesen.

Er inspiziert lediglich mein ausgefülltes Einreiseformular und hält meinen aufgeklappten Reisepass hochkant auf Augenhöhe. Mich schneidet ein kühler Blick. Er schaut erneut in meinen Pass und betrachtet wiederum mein Gesicht, als ob er durch mich hindurchsieht. Ein drittes Mal.

Mit scharfer tiefer Stimme sagt er auf Englisch: »Du hast vergessen, diese Kategorie hier auszufüllen …«

»Entschuldigung … Ich verstehe Sie nicht.«

»Ob du verderbliches Essen dabei hast!«

»Mein Englisch ist nicht so gut. Tut mir leid. Also, äh, nein.«

»Wirst du arbeiten? Zum Beispiel auf einer Farm oder dergleichen?«

»Nein.«

»Was willst du denn hier in Kanada?«

»Wandern.«

»Und hier in dieser Spalte«, zeigt er wieder auf das Papier, »wo kommst du die nächsten Nächte unter? Ein Hostel?«

»Diese Nacht geht es bereits mit dem Greyhound-Bus in die Rockies und dann schlaf ich im Zelt in den Bergen. Äh, also, äh, ich habe bereits den Wildnis-Pass und die Parks-Canada-Aufenthaltserlaubnis dabei.«

»Gibt es eine Kontaktperson in Kanada?«

»Ich werde gleich abgeholt. Ansonsten kenne ich hier niemanden.«

»Dann trag hier seinen Namen ein.«

Mit leicht zittriger Hand vervollständige ich die leere Spalte mit dem Kugelschreiber des Grenzbeamten und trage proforma noch die Adresse von *Greyhound* in Calgary ein.

Nach kurzer Sichtung meiner weiteren Angaben und mehrfach verzogenen Mundwinkeln, legt der breit gebaute Vollbärtige das Einreiseformular beiseite, öffnet meinen Reisepass und haut mit voller Wucht einen Stempel hinein: *Immigration Canada 12th August 2017*. Mit einem wohlwollenden Lächeln nickt er mir zu.

»Willkommen in Kanada.«

»Ich danke Ihnen, Officer.«

Von allen Seiten strömen Menschen in die nächste Halle. Mir fällt ein Stück Last von den Schultern. Auf den vielen Displays suche ich die Gepäckausgabe meines Fluges. New York, Vancouver, Seattle, Hawaii, Tokyo, Kalifornien, Reykjavik ... Wo ist London? Alle paar Sekunden aktualisieren sich die Anzeigetafeln, ein Aufflimmern in allen möglichen Farben.

London Heathrow. Endlich. Im Laufschritt kämpfe ich mich durch die anderen Reisenden mit ihren Rollkoffern, Rucksäcken und sonstigem Kram, der teils gewaltige Ausmaße hat.

Mein Smartphone brummt erneut. Unter meinem verschickten Foto erscheinen Worte.

Ich warte. Status?

Durch die Sicherheitszone. Warte auf Gepäck.

Ok.

»Na, da bist du ja endlich.«

»Moin. Bist du schon zum Kanadier mutiert?«

Wir geben uns die Hand.

»Endlich mal wieder Deutsch sprechen. Das ist total ungewohnt.«

Wir begeben uns schnellen Schrittes zum Ausgang des Flughafenterminals. Das cremegelbe Taxi ist das einzige am Eingang des Flughafens. Die ältere Kanadierin, die mit ihrem Begleiter vor uns am Taxistand steht, nickt mir lächelnd zu.

»Ich danke Ihnen, Madam.«

Wir beiden wohl einzigen Norddeutschen weit und breit, aus Hamburg und Kiel, steigen ins Taxi ein.

»Warum hat die Frau uns vorgelassen?«

»Glück gehabt. Ich kenne sie.«

»Woher?«

»Sie saß im Flugzeug neben mir. Wir haben uns lange unterhalten und dabei habe ich ihr erzählt, dass wir in Calgary umgehend zu dem Shop müssen, da er bald schließt.« Ich wende mich an den Taxifahrer. »Ich habe die Adresse für Sie.« Ich fummele mein kleines Notizbüchlein heraus und halte es ihm hin. Der Taxifahrer wirft einen kurzen Blick darauf, startet den Motor und fährt zügig aus dem Eingangsbereich des Flughafens.

Für den Bruchteil einer Sekunde halte ich inne und sinke in den Ledersitz des Fords. Eine Umarmung der Erleichterung. »Ah, endlich hier. Also, nach meinem Zeitgefühl ist jetzt morgens ...«

»Es ist Nachmittag. Willkommen in Kanada. Wie war dein Flug?«

»Ganz okay. Habe das Bärenbuch auf meinem Handy nochmal gelesen und zwei Filme geguckt.«

»Ja. Ich hatte auch die Möglichkeit, Filme zu gucken auf meinem Hinflug. Das Flugzeug hatte Verspätung wegen eines technischen Defekts, deswegen wurde der

First-Class-Premium-Zugang für das Entertainmentprogramm freigeschaltet.«

»Das ist natürlich geil. Zum Glück ist mein Flieger gerade nur leicht verspätet gelandet.«

»Passt. Wir haben noch eine Stunde.«

»Ein Wunder, dass mein Gepäck angekommen ist.«

»Warum sollte das auch schiefgehen?«

»Ach, ich habe nicht so gute Erfahrungen gemacht. In Gällivare in Schweden habe ich drei Tage auf mein Gepäck gewartet. Das verfolgt mich jetzt natürlich.«

»Verstehe. Na ja, man muss auch mal Glück haben.«

»An der Grenze eben war das es echt wie ein Verhör. Was wollten die bitte alles von mir wissen?«

»Das war bei mir genauso. Die Adresse von meinen Verwandten wollten die haben und noch tausend andere Sachen. Als ich vor ein paar Tagen nach Seattle gereist bin, war das noch viel schlimmer.«

»Das haben sie jetzt davon.«

»Wie jetzt?«

»Na ja, sie haben mich reingelassen. Fahrlässig von ihnen.«

»Sehr witzig.«

»Hallo? Ich bin der allgemeingefährliche Typ vom Hamburger Kiez. Aber Scherz beiseite, ich hatte schon gedacht, dass meine Adresse hier auf dem Index steht. So wie in Deutschland.«

»Ein Spinner bist du.«

Das Taxi nähert sich einer Brücke, die mit ihren schrägen Stahlträgern den einzigen Schatten in der grellen sonnigen Helligkeit spendet. Die Brücke führt über den *Bow River* Richtung *Calgary Downtown*. Ein breiter Fluss, der die Stadt in zwei Teile schneidet wie die Elbe in meinem geliebten Hamburg. Ich erblicke auf der anderen Seite hoch emporragende Glasschlösser mit überdimensionalen Werbeplakaten.

»Erinnert mich irgendwie an Frankfurt oder vielmehr stelle ich mir genauso Amerika vor, mit diesen ganzen großen Autos und breiten Straßen. Wie im Hollywood-Film.«

»Oh, vorsichtig.«

»Was meinst du, Hauke?«

»Erwähne niemals gegenüber einem Kanadier, dass irgendwas so ist wie in den Vereinigten Staaten«, lacht er.

»Warum? Es sieht hier halt wirklich so aus ...«

»Klar ist das hier alles sehr von den Amerikanern geprägt. Die Grenze ist nicht weit. Nur ... na ja, die mögen diesen Vergleich einfach nicht. Die wollen individuell sein gegenüber den Staaten. Ist meine Erfahrung der letzten Tage.«

Hauke ist siebenundzwanzig Jahre alt und hat sich vor über drei Monaten auf meine Anzeige im Internetforum gemeldet. Ursprünglich wollte er dieses Jahr mit seinem Kumpel im *Sarek Nationalpark* wandern. Dieser ist ihm abgesprungen und mit der Kanadatour hat er eine Alternative gefunden.

Ein Auto nach dem anderen schlängelt sich durch den Mittagsverkehr. Ich blicke auf mein Smartphone und überprüfe die Uhrzeit. Im Schritttempo geht es weiter zur nächsten Ampel, die auf Rot umschaltet. Ein erneuter Blick auf die obere rechte Kante des zerkratzten Displays meines aufleuchtenden Smartphones. Viel Zeit bleibt nicht.

AUSRÜSTEN

Calgary, Downtown West End

Das Taxi biegt rechts ab und hält direkt neben dem Bürgersteig an. Das grüne viereckige Logo mit den drei weißen fetten Buchstaben *MEC* hängt an dem braunen Gebäude mit seinem grünen kantigen Dach.

»Hallo. Ich möchte gerne Bärenspray kaufen.«

Die Verkäuferin wirft mir einen kurzen Blick zu, während Hauke und ich in dem engen Gang stehen, umgeben von Tausenden Ausrüstungsgegenständen.

Doch ohne Bürokratie geht es nicht: »Hier brauche ich eine Unterschrift von dir. Dieses Dokument ist eine Bestätigung, dass Bärenspray verantwortungsvoll benutzt wird und nur dann eingesetzt wird, wenn es auch wirklich nötig ist. Das Spray gilt im öffentlichen Raum als Waffe und es ist verboten, es gegen Menschen einzusetzen.«

Ich nicke und neige meinen Kopf in Richtung des Glastresens, auf dem der einseitige Bogen liegt. Ich überfliege die Zeilen.

35

»Hast du Bärenspray schon mal benutzt?«

»Nein, noch nie. Und ich hoffe, das bleibt auch so.«

»Dann zeige ich dir zunächst einmal, wie Bärenspray funktioniert.« Die Verkäuferin holt einen Schlüssel aus ihrer Tasche und schließt den Tresen an der Rückseite auf. Sie holt eine wuchtige Spraydose mit Halterung heraus. »Die Spraydose hält man mit dem rechten Zeigefinger hier durch diesen runden Griff fest. Die übrigen Finger werden zur Faust geballt, sodass das Spray im rechten Winkel zum Arm ist.«

Ein paar Leute stehen an der Seite und hören ebenfalls gespannt zu.

Die junge Verkäuferin löst eine kleine Plastikhaltung von der obersten Spitze. »Nach Lösen des Sicherheitsverschlusses mit dem Daumen weiter mit dem rechten Zeigefinger fest den Griff halten. Jetzt wird der Daumen auf den Auslöser gelegt. Noch nicht abfeuern. Mit der linken Hand die Mitte des Dosenbauches fest und konstant halten. Jetzt positionieren durch Weghalten des Abwehrsprays, etwa eine Armlänge vom Oberkörper weg.«

Sie hält ihre Arme im Neunzig-Grad-Winkel vor sich und steht in leicht gehockter gespannter Körperhaltung vor uns, als ob Sie auf einem Schießstand stehen würde, nur hält sie anstatt einer Pistole eine große Dose.

»Wenn sich der Bär in unmittelbarer Nähe befindet, in mehreren Salven schräg abfeuern. Bei Regen, Schnee und Gegenwind funktioniert es nicht. Die kleine Version des Sprays hat eine Feuerdauer von vier Sekunden, die große Version fünf Sekunden. Hast du noch Fragen?«

»Was mache ich mit einer versprühten Spraydose nach einer Bärenattacke?«

»Dann empfehle ich, sie einfach liegen zu lassen und die Polizei zu alamieren. Der Geruch des Sprays kann Bären auch anlocken. Daher sofort das Weite suchen. Die örtliche Polizei wird dann das Gebiet sicherstellen und das Bärenspray entsorgen.«

»Nur ... da, wo wir unterwegs sein werden, gibt es keine Zivilisation, dementsprechend auch kein Handynetz.«

»Dann lässt du das Bärenspray trotzdem liegen und meldest es dem nächsten Ranger, den du triffst.«

»Alles klar.«

»Noch weitere Fragen?«

»Nein.«

»Gut. Dann trage in dem Dokument hier deine Adresse ein und gib mir hier ein Autogramm.«

Ich überfliege die zahlreichen Erläuterungen und Verpflichtungserklärungen. Viele Worte auf diesem Dokument verstehe ich nicht. Ich unterschreibe und sage der Verkäuferin, welches Bärenspray ich haben möchte. Sie holt eine durchsichtige Plastikbox aus ihrer Schublade, klappt diese auf dem Pult auf und packt die faustdicken Sprays samt des unterschriebenen Bogens hinein. Nachdem sie mit einem weiteren Schlüssel den Plastikbehälter verschlossen hat, hält sie ihn mir hin und lächelt.

»Danke.«

Und schon stehen die nächsten Wanderer da und befragen die Verkäuferin. Wir gehen weiter.

»Also, ich habe, als ich vor ein paar Tagen in Kanada angekommen bin, nur ein Bärenspray gekauft«, sagt Hauke.

»Werde eins in den Rucksack packen und eins am Mann haben«, entgegne ich.«

»Warum zwei?«

»Na ja, das sind ja ein paar Wochen auf Tour in den Bergen. Sollte eins versprüht sein, hätte ich keins mehr.«

»Was brauchen wir noch?«

»Einen Bärenkanister, Gas zum Kochen und noch einen weiteren Packsack für Proviant. Da fällt mir gerade ein: Wir brauchen noch etwas, um den Proviant in die Bäume zu hängen.«

»Brauchen wir nicht. Ich habe ein Seil und Karabinerhaken. Obwohl ... ich denke, ich habe zu wenig Karabiner.«

»Ich habe noch zwei dabei.«

»Passt. Super, dann haben wir das.«

In der Schalterhalle der *Greyhound*-Busgesellschaft, die sich unweit vom *MEC*-Shop befindet, breiten wir auf dem Boden neben den Sitzbänken unsere Ausrüstung aus: Zelt, Schlafsack, Wanderstöcke, Packsäcke mit Hygieneartikeln, meine Luftdruckfanfare, GPS-Gerät, Kartenmaterial, Bärenspray und Funktionskleidung. Den Proviant pressen wir in unsere Bärenkanister: Müsliriegel, Cashewkerne, Paranüsse, Walnüsse, Instantnudeln und spezielle Fertiggerichte.

»Was hast du da für ein komisches Horn?«, fragt mich Hauke verwundert.

»Das ist eine Luftdruckfanfare.«

»Und damit willst du mich morgens wecken?«

»Wenn du willst. Doch das ist eher dafür gedacht, Schwarzbären zu verjagen. Funktioniert mit Luftdruck und ist das Lauteste, was ich finden konnte. Ist eigentlich für Fußballfans.«

»Sensationell.«

In der riesigen Halle befindet sich nur ein halbes Dutzend Reisende. Eine Kanadierin, Ende dreißig, sitzt uns gegenüber und lächelt uns zu. Sie reist ebenfalls noch heute Nacht und nach ein paar Sätzen Smalltalk weiß sie, was wir vorhaben.

Ich richte meinen Blick zurück zur Ecke mit der Ausrüstung. Hoffentlich passt alles in die Rucksäcke.

Plötzlich steht direkt neben uns ein Sicherheitsangestellter in Uniform. Er trägt einen Gurt mit Waffe im Halfter und ein Paar Handschellen.

»Es ist verboten, Bärenspray in der Öffentlichkeit mitzuführen.«

»Ja, wir packen das gleich ein«, entgegnet Hauke.

»Fahrt ihr heute Nacht noch mit dem Greyhound?«

»Ja.«

»Das geht nicht.« Seine scharfe Stimme hallt durch die Halle.

»Was?«, frage ich entsetzt.

»Es ist verboten, Bärenspray im Bus dabeizuhaben.«

»Warum?«

»Gesetz. Wenn der Kanister des Sprays zu warm wird, kann er explodieren, oder wenn ein anderer Passagier aus Versehen an den Auslöser kommt, kann sich jemand verletzen.«

»Das Spray ist noch in Plastik verpackt. Wie soll da jemand aus Versehen drankommen?«

»Ich diskutiere nicht.«

»Super. Vielen Dank.«

»Also haben wir nur zwei Optionen: das Bärenspray hierlassen oder nicht fahren«, stellt Hauke trocken fest.

»Exakt.«

»Wir haben gerade fast zweihundert Dollar für das Bärenspray ausgegeben.« Ich schüttele den Kopf und wende mich ab.

»Ich bin in der Wildnis groß geworden und brauchte niemals Bärenspray.«

»Das ist ja richtig toll für Sie. Wir kommen aus Europa und kennen das nicht mit Bären in der freien Wildbahn«, entgegne ich ihm.

Die nette Frau erhebt sich von der Bank und wendet sich ebenfalls zum Sicherheitsangestellten. Sie sieht ihn grantig an. »Sie wollen doch nicht etwa die Jungs ohne Spray ins Bärengebiet lassen!«

»Madam, es ist nun mal Gesetz.«

»Ach so, und das Gesetz verbietet Ihnen zu denken? Das ist unverantwortlich. Ihr Verhalten ist unerhört.«

Ich nicke der Dame zu und wende meinen Blick zu Boden. Wieso muss das jetzt passieren? Wieviel Stunden bin ich jetzt bereits unterwegs, seitdem mich mein Vater zum Flughafen in Hamburg gebracht hat? Die Anreise läuft nach Plan. Bis jetzt. Ich vernehme Haukes Stimme, der weiter mit dem Mann redet. Es läuft mir eiskalt den Rücken runter und in meinem Körper brodelt die Wut der Ohnmacht. Ein vibrierender, dumpfer Ton. Die immer noch fast menschenleere Halle scheint mich zu verschlucken.

»Tut mir leid, Jungs. Ich muss so handeln.« Der Sicherheitsangestellte geht durch die Halle, schaut kurz in unsere Richtung und verschwindet durch eine Tür.

»Ich könnte diesen Typen an die Wand klatschen. Das kann nicht angehen. Gesetz, Gesetz … Scheiße ist das!«

»Dominik, er macht doch nur seinen Job.«

»Trotzdem. Hätten wir das Spray mal nicht so offen hier stehen lassen.«

»Was machen wir jetzt?«

»Keine Ahnung.«

»Es gibt am Crownsnest-Pass einen Outdoorladen, einige Kilometer entfernt. Man muss da nur irgendwie hinkommen. Vielleicht per Anhalter.«

»Ja, wir müssen da erst mal hinkommen und von da wieder wegkommen, das kann einen ganzen Tag kosten. Außerdem ist morgen Sonntag und der Shop hat sicher zu.«

»Die Geschäfte haben hier auch häufig am Wochenende auf.«

»Mag sein, Hauke. Doch wir wissen es nicht. Wenn der Shop zu hat, kostet uns das einen weiteren Tag. Ich finde das alles sehr unsicher. Wer weiß, ob es diesen Shop da in den Bergen überhaupt noch gibt. Wenn nicht, müssen wir wieder in die Stadt zurück und dann ist unser Zeitplan komplett dahin.«

»Also meinst du, wir versuchen morgen irgendwie in die Rockies zu kommen?«

»Ja«, sage ich leise.

»Dann suchen wir ein Hotel und trampen morgen früh zum Crownsnest-Pass.«

»Genau. Wir kriegen das schon irgendwie hin. Ich bin schon häufig getrampt.«

DIE HENKERSNACHT

Calgary, Sandman Hotel, siebte Avenue Southwest, zwei Stunden später

»Das wird dann wohl erst mal unsere letzte Nacht in der Zivilisation«, sage ich beim Anblick der beiden voluminösen Matratzen, mit Bettlaken und Betttuch in seidenem Weiß überzogen.

Ein Himmelbett.

Hauke reißt die Gardinen unseres Appartements auf. »Was für ein Ausblick!«

Glitzernd leuchtende Wolkenkratzer, einer höher als der andere, strahlen in unser weit oben gelegenes kleines Hotelzimmer. Die von den vorbeifahrenden Autolichtern erhellte achte Straße Southwest, die die siebte Avenue direkt am *Sandman Hotel* kreuzt, durchtrennt die Hochburg der Wolkenkratzer wie ein Lichtstrahl. Hin und wieder hupen die unten auf der siebten Avenue vorbeirauschenden Autos ohne ersichtlichen Grund. Es ist Wochenende. Auch hier in Calgary gibt es sicher feierwütige Menschen wie auf dem Kiez in Hamburg.

Die wärmer werdenden dicken Tropfen, die aus dem Duschkopf auf meine Haut prasseln, sind wie Wellness-Cocktails. Schnell beschlägt die glasige Duschwand und durch meinen Körper fließt ein brennendes Schwingen, das sich an das Tempo der prasselnden Tropfen angepasst hat. Beim Blick zum Duschgel, bereitgestellt vom Hotel, vernehme ich ein inneres Kopfschütteln. Mit einem Schlag muss ich an das Bärenbuch denken, das ich vor einigen Stunden gelesen habe. Plötzlich wird aus dem brennenden Schwingen ein ungleichmäßiges Drücken. Lichtblitze durchschießen mein Sehfeld und die Perlen des warmen Wassers funkeln zitternd auf den nassen Fliesen. Ich stelle den Wasserlauf ab, nehme ein Handtuch und setze mich auf den zugeklappten Klodeckel. Ein tiefer Seufzer und das über meinen Kopf gestülpte Handtuch machen es nicht besser. Alles dreht sich. Langsam schweift die Achterbahnfahrt ab.

Hauke hat seine Sachen auf dem Bett ausgebreitet, als ich zurück in unser luxuriöses Schlafwohnzimmer wanke. Er presst unentwegt seine Ausrüstungsgegenstände, verpackt in farbigen Packsäcken, in seinen Rucksack.

»Es ist wohl doch ganz gut, dass wir noch eine Nacht hier in Calgary verbringen.«

»Verstehe ich nicht. Was hat dich auf einmal umgestimmt?«

»Mein Jetlag.«

DAUMENEXPRESS

Südlicher Stadtrand von Calgary,
13. August, morgens

Der wackelnde Zug hat die Endstation erreicht. Weiter raus aus Calgary kommen wir nicht. Nur zu Fuß.

Wir schwingen mit einem Ruck unsere prall gefüllten Rucksäcke auf unsere Rücken und folgen den wenigen Menschen, die an diesem frühen Montagmorgen ebenfalls so übergeschnappt sind, bereits auf den Beinen zu sein. *Normale Leute* sind jetzt im Bett.

Das GPS verrät den Weg. Es geht an einer mächtigen Mall vorbei, die mit seiner Größe jedes Shoppingcenter zu Hause in den Schatten stellt. Wieviel Millionen Gegenstände befinden sich in diesem Gebäudekomplex? Zum Glück lassen wir das heute alles hinter uns. Endlich. Wieviel Gedanken, Schweiß, Geld, Zeit und Mühe habe ich bis heute investiert, während wir auf dem glatten Bürgersteig weiter nach Süden gehen?

»Wie weit ist es noch?«

»Nicht mehr weit. Hoffentlich klappt das. Irgendein Fisch muss doch anbeißen.«

Wir gehen direkt hinter der Leitplanke der nach rechts abknickenden Straße entlang und überqueren die von rechts kommende Abbiegerstraße, die genau nach Süden führt. Weit und breit ist kein Auto zu sehen, lediglich die schwache Morgensonne erhellt den frühen Tag.

Plötzlich nähert sich ein weißblau gestreifter Ford in hoher Geschwindigkeit und bremst ab.

»Hey, Jungs, das ist hier verboten. Besonders in der Stadt. Ihr stört sonst den Verkehr.«

»Alles klar. Das wussten wir nicht«, erklärt Hauke.

Wie der Blitz ist der grimmig guckende Polizist mit dem Geländewagen wieder weg. Wie gerufen, hält wenige Sekunden später ein silberner Kleinwagen im Schneckentempo an. Der ältere Mann mit weißem Vollbart erklärt uns, dass das Trampen in der Stadt nicht gern gesehen ist und nimmt uns mit bis zu einer Tankstelle außerhalb von Calgary. Dort sollen die Chancen besser sein.

Der Wind, der von den endlosen Weiten der bewirtschafteten Ackerflächen kommt, knallt uns unentwegt ins Gesicht. Es ist menschenleer. Ab und zu fährt ein landwirtschaftliches Riesenmobil durch die schmutzigen Straßen. Fehlen nur noch Tumbleweeds, vertrocknete Pflanzenballen, die vom Wind vor sich her getrieben werden, wie in einem Western. Wo ist *Terence Hill* mit Hut und verstaubtem Hemd, wie er auf einem Pferd angeritten kommt und uns zuruft: »Hej, ihr Idioten wollt in die Rockies? Das schafft ihr von hier doch nie!«

Eine Stunde vergeht. So nett unsere Mitfahrgelegenheit von vorhin auch war, vielleicht hat sich der gute Mann geirrt.

Unverhofft biegt ein Auto in unsere Richtung ab und wird langsamer, bis es vor uns zum Stillstand kommt. Ein Befreiungsschlag. Unsere nächste Mitfahrgelegenheit, die uns zu einer weiter südlich gelegenen Tankstelle bringt.

Mittlerweile ist es später Vormittag. Hauke und ich teilen uns auf. Ich gehe herum und spreche die Leute an. Jeden. Auf dem Parkplatz, in der Tankstelle, bei der Tanksäule – überall. Eine irritiert guckende Frau oder ein älteres Ehepaar, das mich anguckt, als wäre ich ein gerade geschlüpftes Alienbaby – ich mache vor niemandem Halt. Irgendwo hier ist die Person, die uns heute in die Rocky Mountains bringt, und ich möchte sie jetzt treffen. Kann doch nicht so schwer sein.

In der Tankstelle warte ich auf die Leute, bis sie ihre Tankrechnung bezahlt haben. Plötzlich grinst mich von der Seite ein Typ in meinem Alter mit verkehrtrum auf dem Kopf sitzenden Trucker-Cap an. »Na, was geht ab?«

»Ziemlich viel. Ich möchte in die Rocky Mountains.«

»Ein schönes Ziel.«

»Kannst du uns mitnehmen?«

»Klar. Wer ist *wir*?«

»Noch ein Kumpel. Der ist draußen.«

»Okidoki. Wird ein bisschen eng, aber kriegen wir hin.«

Gemeinsam gehen wir zu seinem weißen Jeep, der neben der Tanksäule steht. Habe ich von so nah jemals solche riesigen Autoreifen gesehen? Nur im Film.

Hauke steht auf der anderen Seite mitten auf dem Parkplatz und schaut in meine Richtung. Ein Handzeichen und er kommt angeflitzt.

Er macht es sich auf der Rückbank zwischen Taschen, Müll und einer gepackten Kühlbox gemütlich, ich bekomme den Beifahrersitz. Es ist eng, doch es geht.

Wir verraten dem Fahrer, wohin wir wollen.

»Verdammt, verdammt. Ich würde am liebsten mitkommen. Hatte dieses Jahr noch keinen Urlaub.«

»Was? Wieso das?«

»Na ja, es ist Saison. Wisst ihr, ich bin Farmer. Viel Arbeit. Dieses Jahr habe ich fast jeden Tag gearbeitet.«

»Das würde ich nicht überleben.«

»Es bringt einigermaßen Spaß. Dieses Wochenende fahre ich mit ein paar Freunden zu einem See am Fuße der Rockies. Mal nicht arbeiten«, grinst er mich an.

Beim Blick auf den Bildschirm des GPS-Gerätes wird mir bewusst, wie weit es noch nach Süden, Richtung amerikanische Grenze ist.

»Hier ist die Tankstelle, von der ich euch erzählt habe. Viel Glück.«

»Danke.«

Ein Handschlag und der weiße Jeep verschwindet.

Bei der Tankstelle holen Hauke und ich uns den größten verfügbaren Kaffee. Es gibt insgesamt sieben verschiedene Sorten von Kaffeeröstungen und ein großes Sortiment an Lebensmitteln, Hygieneartikeln und Haushaltswaren. Als ob es in dieser Gegend sonst keinen Supermarkt gäbe.

»Endlich mal einen ordentlichen Kaffee«, feiere ich meinen Dreivierteliter-Pappbecher.

»Auf jeden Fall.«

»Das Trampen könnte echt besser laufen. Wir haben noch einiges an Kilometern vor uns.«

»Also, was immer funktioniert beim Trampen bei den Kanadiern, ist ein Kompliment zu ihren Riesenautos«, lacht Hauke.

»So kriegen wir alle. Hoffentlich können wir heute noch die Tour beginnen. Lass uns am besten zur Tankstellenausfahrt gehen. Vielleicht fährt ja von den Leuten jemand in unsere Richtung.«

Ein grausilberner Ford fährt genau in dem Moment auf uns zu, als wir uns zum Trampen an der Ausfahrt positionieren, als hätte er auf uns gewartet. Ein dunkelhaariger Mann, Mitte zwanzig, steigt aus dem Wagen und ruft in unsere Richtung: »Wollt ihr mitfahren?«

Wir nicken.

Nach den ersten zurückgelegten Metern auf der Straße bricht Hauke das verhaltene Schweigen. »Und wo willst du heute hin?«

»Nirgendwohin«, antwortet der Dunkelhaarige.

»Wie? Du hast kein Ziel?« frage ich ihn, während ich auf der Rückbank an meinem Kaffee nippe.

»Nein.«

Auf irgendeine Art und Weise, die ich selbst nicht deuten kann, kommt mir unserer Rocky-Mountains-Fahrer komisch vor. Ich muss an den netten Farmer von eben denken. Er hatte uns vor den Leuten aus einem Indianer Reservat gewarnt, das wir genau hier in dieser Gegend passieren würden. Kommt der Dunkelhaarige daher?

Ein ungutes Gefühl macht sich bemerkbar, während ich ihm entgegne: »Na ja, wie soll ich sagen ... Die meisten Menschen haben schon ein Ziel, wenn sie mit dem Auto fahren.«

Nach einigen Momenten der Stille antwortet er: »Ich bin heute früh aufgewacht und hatte einfach Lust auf einen Roadtrip. Bei diesem Wetter das Beste, was man tun kann. Bin gerade mit meinem Ingenieurstudium fertig und habe noch keinen Job gefunden. Vielleicht fahre ich heute noch bis zum Waterton-Nationalpark an der Grenze zu Amerika.«

»Verstehe. Du hast übrigens echt ein cooles Auto.«

»Danke.«

Ein unterdrücktes Grinsen von Hauke. Auch er macht unserem seltsamen Fahrer nun ein verstecktes Kompliment nach dem anderen.

»Wo wollt ihr beiden genau hin?«

»Richtung Blairmore«, antwortet Hauke, wie aus der Pistole geschossen.

»Dann muss ich hier gleich abbiegen.« Auch die wenigen Schilder, die sich am Straßenrand in der funkelnden Sonne präsentieren, deuten auf eine große Abzweigung hin.

»Wenn das okay für dich ist, dass du uns noch weiter fährst … Es wäre für mich ein Geschenk, heute noch loswandern zu können«, erläutere ich.

Wir verlassen den Highway 22, der offiziell auch *Cowboy Trail* genannt wird, und fahren westlich auf dem *Crownsnest Highway*. Er führt direkt zum gleichnamigen *Crownsnest Pass*, einer 1.356 Meter hohen Hochebene. Die von den zackigen Gipfeln und geschwungenen Satteln der Berge gebrochenen Sonnenstrahlen erleuchten das Tal. Die Schatten der Berge, Hunderte von Metern lang, werden nach und nach von Sonnenblitzen aufgelöst. Das Lichtspiel, umrahmt von gigantischen Bergen aus dem Blickwinkel des kleinen Fords, gleicht einer Sightseeingtour. Ein Koloss aus Landmasse folgt dem nächsten. Die scharfen Schatten der Berge rechts und links von uns werden immer mächtiger. Mittlerweile ist über die Hälfte des Tals vom Zwielicht eingenommen.

Vorgebeugt, mit hochgezogener Stirn, wandert auch der Blick des Kanadiers durch die Windschutzscheibe. »Wisst ihr … Ich war hier noch nie. Es ist fantastisch.«

»Genau hier wollen wir hin«, sage ich mit leiser Stimme, »es ist nicht mehr weit.«

Das Knallen der Beifahrertür ist der Startschuss. Wir befinden uns an einem Spielplatz, an dem die Linie auf dem Bildschirm des GPS-Gerätes beginnt. Willkommen in Coleman. Wir sehen ein paar verschlafene Häuser in den Bergen.

»Der Typ war irgendwie nicht ganz koscher«, sage ich.

»Ja, stimmt. Im Laufe des Gesprächs hat sich das aber irgendwie geändert. Eigentlich war er ganz nett.«

»Der hat uns echt einfach so direkt hier hingebracht. Den hat uns das Schicksal geschickt. Es ist gerade mal vierzehn Uhr.«

An dem Spielplatz, zu dem uns der Rocky-Mountains-Fahrer gebracht hat, stehen unter einem Unterstand mehrere Kanadier und unterhalten sich. Der Rauch eines Grills sucht sich seinen Weg empor in die schwüle Luft. Ich habe es direkt vor Augen, während wir die Rucksäcke auf die Bank in der Nähe des Grills werfen, eine Fantasie, wie direkt aus dem Wäldchen ein Bär hinter dem Spielplatz an den Autos der Grillfreaks vorbeischreitet und direkt auf sie zugeht. Zu diesem wohlriechenden Rauchschwall. Mit langsamen, auf dem Schotterweg knirschenden Tatzentritten, als ob ein Tyrannosaurus vorbeikommt und mit jedem Schritt die Erde beben lässt …

»Was meintest du? Entschuldigung …«

»Die machen da ein Barbecue, oder?«

»Äh, ja. Ich finde, wir wechseln die Bank. Es riecht schon ganz schön doll von dahinten. Sonst stinkt nachher unsere Kleidung danach.«

Unsere Rucksäcke stehen auf der grünen Metallbank, startklar und bis oben hin gefüllt mit den letzten Überbleibseln der Zivilisation. Den anthrazitfarbenen Gurt, in dem das Bärenspray steckt, schnalle ich mir nun um. Premiere. Und auch mein Tourpartner hat sein Bärenspray in die Rucksackseitentasche gesteckt.

Wir stellen uns vor unsere beiden überfüllten Gefährten und ich halte meine Kamera, so hoch es geht, auf uns gerichtet und drücke auf den Auslöser. Das letzte Foto, bevor es beginnt.

Kapitel 2

HÄRTETEST

WILDNIS

Am Crownsnest Pass, Coleman, Province Alberta, 13. August, mittags

Die schaurigen Wolken haben sich am Himmel durchgesetzt und verdunkeln die im Zickzack verlaufenden Berge am Horizont. Immer wieder wird der Asphalt mit ein paar Regentropfen überzogen. Der warme Wind pfeift sein leises eintöniges Lied.

Wir durchqueren ein Wohngebiet und erreichen einen verlassenen Campingplatz. Ein riesiges knallrotes Schild mit fetter weißer Schrift stellt sich uns in den Weg: *Achtung. Waldbrandgefahr. Feuerverbot überall dort, wo man im Hinterland zeltet. Alle Zulassungen, Feuer zu machen, sind bis auf Weiteres aufgehoben.* Das Wetter wird die nächsten Tage eher wärmer als kälter. Hoffentlich wird uns die Hitze nicht zum Verhängnis.

Es bahnt sich etwas anderes an, was uns zum Verhängnis werden könnte: Wir werden verfolgt. Vor Jahren hatte ich noch eine Phobie vor Hunden, immer im Glauben, jeden Moment gebissen zu werden. Er streunt mal hinter uns, mal neben uns, mal seitlich umher. Er wirkt verspielt und dann wieder so, als ob er etwas auflauern würde. Mal verschwindet er im dichten Wald neben dem Wanderweg, mal rennt er wieder in unsere Richtung, als ob er sich uns anschließen möchte.

»Der ist sicher am Campingplatz oder an diesem Schießplatz jemanden weggelaufen«, mutmaßt Hauke.

Kilometer um Kilometer ist er uns dicht auf den Fersen auf dem steinigen Waldweg, der sich über die Hügel schlängelt. Fahrspuren ragen tief in die Erde hinein, vom Regenwasser über die Jahre ausgewaschen.

»Also in meinem Bärenbuch steht, dass Hunde Bären anlocken können. Sie haben die gleichen Instinkte. Wir müssen irgendwas tun«, stelle ich besorgt fest.

Wir nehmen eine Abzweigung, die vom Hauptwanderweg wegführt. In der Hoffnung, dass unser Verfolger das Weite sucht, halten wir nach einigen Metern an der Weggabelung kurz an und sind still. Aber da ist er wieder. Langsam trottet er geradewegs auf uns zu. Er hat einen Narren an uns gefressen.

Zurück auf dem trockenen Weg läuft er nun voran und wartet auf einer kleinen Anhöhe am Wegesrand auf uns.

»Ignorieren wir ihn einfach. Nicht angucken. Einfach weitergehen«, schlägt Hauke vor.

Auf der anderen Seite der Anhöhe angekommen, spüre ich hinter uns unseren Verfolger. Seine Pfoten ratschen über den steinigen Untergrund.

»Och nö. Das kann doch nicht angehen«, maule ich.

»Der ist echt hartnäckig.«

In Gedanken hocke ich auf dem engen Sitz im Flieger nach Kanada und lese auf meinem Handy das Buch von *Rainer Höh: Sicherheit in Bärengebieten.* Wie kann ein Hund einen Bären so gut aufstöbern und provozieren? Macht er es mit seiner Nase?

Plötzlich läuft Hauke im Mordstempo voran, als wenn er um sein Leben rennt. Von einem auf den anderen Moment ist mein Wanderkumpel verschwunden. Kleine Steine kollern in die Tiefe. Ich stolpere hinterher. Das blaue Cap von Hauke und die Umrisse seiner Schultern erscheinen. Er ist bereits deutlich weiter unten und springt im Bach von Stein zu Stein. Auf der anderen Seite geht es steil hinauf.

Endlich sind wir oben. Im Schnellschritt gehen wir weiter und blicken zurück zur zweihundert Meter tiefen Senke. Hoffentlich folgt er uns nicht weiter.

»Da kommt echt der Sportlehrer bei dir raus«, schnaufe ich. »Wie schnell du sprinten kannst.«

»Scheint geklappt zu haben. Diese riesige Senke ist dem Hund zu steil.«

»Ja …«, entgegne ich kurzatmig. »Wie … Wie war es eigentlich bei deinen Verwandten?«

»Gut«, antwortet er und holt tief Luft. »Also bei denen in Sedgewick war ich gar nicht mal so lange. Die meiste Zeit habe ich in Jasper, Seattle und Vancouver verbracht. Waren ja auch nur zwei Wochen.«

»Und Sedgewick ist eine Stadt?«

»Nee«, grinst Hauke. »Im Niemandsland von endlosen Feldern sind das nur ein paar Häuser. Ich könnte dort nicht wohnen. Ohne ein Auto stirbt man dort, glaube ich.«

»Und was war das Tagesprogramm?«

»Mir wurden ganz stolz die riesigen landwirtschaftlichen Fahrzeuge gezeigt. Allein die Reifen sind größer als ich. Na ja … die hatten sogar ein kleines Flugzeug.«

»Cool. Und seid ihr geflogen?«

»Dummerweise war es genau, als ich da war, defekt.« Hauke verzieht die Mundwinkel. »Hätte gerne die Gegend dort mal von oben gesehen. Eine Ranch nach der anderen.«

Immer wieder schaue ich hinter uns und wandere mit meinem Blick am Wegesrand entlang. »Na ja, wenigstens warst du überhaupt da.«

»Ja. Es war die einmalige Möglichkeit, sie überhaupt mal kennenzulernen und zu sehen, wie die Menschen hier so leben. Also, ich meine … mal nicht dieses Standardtouristen-Ding zu machen.«

WENN DIE SONNE UNTERGEHT

Ich blicke über die endlosen dicht bewaldeten Formationen, die zerklüftet Richtung Horizont verlaufen. Ein grünes Meer. Da liegt er, dieser Weg. Der *Great Divide Trail* nördlich vom *Crownsnest Pass*, in der Nähe der amerikanisch-kanadischen Grenze. Endlich.

»Lass uns gleich zum Fluss. Ich habe Hunger. Du auch?«

»Geht so. Aber ich sollte auch was essen.«

»Ist dein Jetlag jetzt weg?«

»Fast.«

Der kleine nahezu ausgetrocknete Bach spendet frisches Bergwasser. Die einzige Wasserquelle weit und breit. Auf einem parallel zum Flusslauf liegenden Baumstamm haben wir zwei Titantassen, eine Gaskartusche, Besteck und zwei Plastikbeutel ausgebreitet.

Mit Gewalt drücke ich den schwarzen Deckel meines Bärenkanisters mit zwei Fingern fest zur Innenseite, drehe ihn und rutsche ab. »Mist. Wie scharf sind bitte die Kanten von dem Bärenkanister?«

»Ja, das bedarf ein wenig Übung. Ich musste es erst ein paar Mal ausprobieren.«

Das Wasser in Haukes Titantopf, der auf seinem neuen Kocher steht, fängt an zu brodeln und verbindet sich wenig später in seinem Plastikbeutel mit dem getrockneten, zusammengedrückten Essensklumpen.

»Heftig, wie schnell das Wasser kocht. Hat keine neunzig Sekunden gebraucht.«

»Dann hat dein Kocher meinen Crux-Kocher überholt«, sage ich, während ich die Schnittwunden an meinen Fingern begutachte.

»Wie lange braucht deiner?«

»Zwei Minuten.«

»Das ist auch ultraschnell. Was diese Teile heutzutage leisten können … Beeindruckend. Was gibt es bei dir?«

»Irish Stew. Was auch immer das genau ist. Moment.«

Ich nehme den auf dem Boden stehenden starren Plastikbeutel und lese auf der Rückseite: »Ein traditionelles Eintopfgericht mit Kartoffeln, Lammfleisch und Gemüse.«

»Klingt vielversprechend. Diese Mahlzeiten kosten ja auch stolze acht Euro.«

»Jede Mahlzeit ohne Instantnudeln ist eine gute Mahlzeit. Langsam könnte das mal fertig sein.« Ich öffne den wiederverschließbaren Plastikbeutel. Ein deftiger Duftschwall steigt empor. »Jackpot. Ich glaube, meins ist fertig.«

»Meins auch gleich. Bin gespannt, ob mich das überhaupt satt macht.«

Auch während ich den irischen Eintopf aus dem Plastikbeutel löffle, gucke ich immer wieder zum Weg hinüber. Ebenso in die andere Richtung, zum Flusslauf und in den Wald hinein. Ich muss an das Buch denken. Immer wieder. Bären besitzen keine Schweißdrüsen und suchen mit Ihrer Schnauze nach Nahrung. Das Riechen ist ihr stärkster Sinn. Sie sind in der Lage, Hunderte Meter weit zu riechen.

»Lass uns mal die nächsten Tage möglichst nicht direkt am Fluss essen.«

»Warum? Ist doch ganz nett am Fluss.«

»Bären halten sich häufig am Fluss auf, um sich abzukühlen und zu fischen. Und wenn wir die nächsten Tage weitere Kochpartys mit wohlriechender Kost veranstalten, dann denkt vielleicht irgendwann ein Bär, dass er eine Einladung hat.«

»Und in der Dunkelheit sollten wir übrigens nicht rausgehen.«

»Warum?«

»Ist die bärenaktivste Zeit. Es gibt Provinzen in Kanada, wo es gesetzlich verboten ist, nach dreiundzwanzig Uhr mit dem Hund spazieren zu gehen.«

»Zum Glück sind wir den Hund von vorhin los.«

Die Abendsonne kommt noch hervor und erhellt die große Wiese, auf der an der Seite unsere Zelte stehen. Im Hintergrund ertönt die Musik unserer einzigen Zeltnachbarn.

Ein altes Gerüst, das vermutlich vor langer Zeit als Proviantaufhängung fungierte, steht unweit der Holzbank mit Holztisch. Behelfsmäßig mit einem Basketballkorb und einem abgesägten Baumstumpf versehen, der wohl als Halterung für die etwas weiter weg liegenden Baumstämme galt. Die beiden in den Boden gehämmerten Pfähle haben schon bessere Zeiten gehabt. Ein Stück versetzt unterhalb des Gerüstes befindet sich eine deutliche Einkerbung im grasüberwachsenen Untergrund.

»Da unten … Das sind so eine Art Stecklöcher für die dünnen Baumstämme, um sie mit dem Basketballkorb zu fixieren. Und oben am Stamm hängen wir dann einfach die Proviantpacksäcke und so weiter auf.«

»Hmpf. Könnte funktionieren«, sagt Hauke.

Die faustdicken Stämme sind so lang und wuchtig, dass wir sie nur mit Mühe gemeinsam zum Gerüst tragen können. Wir hieven ein paar davon mit viel Mühe direkt vor das Gerüst. Schweißtreibend.

Wir versuchen, die zahlreichen Packsäcke an ihren Halterungen auf die Spitze der Holzstämme zu spießen und diese mit viel Kraft in die Höhe zu stemmen. Der erste Packsack fällt sofort herunter.

Noch mal. Sobald die zweite recht schwere Holzstange, mit einem weiteren Gewicht versehen, steht, gibt das gesamte Gerüst ein wenig nach.

»Also stabil ist was anderes«, sage ich und stemme auf der anderen Seite einen Holzstrunk gegen das Gerüst. Die Konstruktion zentriert sich dadurch ein wenig.

Es gibt noch deutlich mehr aufzuhängen: Proviant für neun Tage samt Notrationen, Medikamente und Ausrüstung, die nach Essen riechen kann ... Alles muss dort oben hängen, mindestens vier Meter hoch, höher als ein ausgewachsener Grizzly aufrecht stehen kann und so, dass kein Schwarzbär-Profikletterer rankommt.

Hängt das eine zu tief, ist das andere zu wackelig und fällt runter. Der Basketballkorb bricht ab und fällt zu Boden. Mein Bärenkanister, der in Haukes blauen Stoffbeutel gepresst ist, schwingt hin und her. Mit jedem weiteren Stamm wird das ganze Gerüst der schweren Last ausgesetzt und droht umzukippen. Bäume, die rechts und links schräg vom Gerüst stehen, werden als Stützen für zwei Stämme genutzt, um eine stabile hohe Aufhängung zu schaffen.

Nach satten zweieinhalb Stunden sind wir fertig.

»Oh ... ich habe etwas völlig vergessen.«

»Das da wäre?«

»Beim ganzen Hin und Her mit diesem Gerüst habe ich vergessen, meine Medikamente zu nehmen ...«

So peinlich es mir ist, einen Teil unseres Gerüstes wieder abzubauen, tun wir es. Ich drücke meinen Bärenkanister aus dem blauen Beutel, schraube ihn mit Mühe auf und hole meine Medikamente. Mein *innerer Freund* braucht jetzt meine Aufmerksamkeit, sonst werde ich nachts Probleme mit ihm bekommen. Ich reibe an meinem Bauch und meinen Händen mit einem Ast, den ich von einem Nadelbaum abreiße, der sich harzig und klebrig anfühlt. Hoffentlich neutralisiert der Nadelduft den Geruch meiner Medizin.

Wenige Momente später schieben wir alles wieder in die Höhe. Es geht unerwartet schnell und unproblematisch.

»Na, ob das heute Nacht alles hält, weiß ich nicht. Aber wir haben unser Bestes gegeben«, sagt Hauke. »Wäre schon doof, wenn in der ersten Nacht hier draußen unser Proviant gefressen wird.«

Nun kehrt Ruhe in unseren Zelten ein. Die Dämmerung zieht herauf. Auch das Radio unserer Nachbarn ist verstummt. Die Ruhe ist auf der Wiese angekommen, jedoch nicht in meinem Inneren. Gedanken kreisen in meinem Kopf wie ein ewiger Marathon. Der Schlafsack scheint dreimal wärmer zu sein als sonst. Ich öffne seinen Reißverschluss bis zur Hälfte. Es macht keinen Unterschied. Schweißgebadet wälze ich mich von der einen Seite auf die andere. Der Boden ist ungewohnt hart auf meiner fünf Zentimeter dicken Isomatte. Das Knacken des Waldes und das Rauschen des Windes durchbrechen immer wieder die Nachtruhe.

Und da ist das nächste Geräusch, das die Stille kurz unterbricht, in dieser ersten Nacht in der Wildnis.

ECHOS

Am Allison Creek, 14. August

»Ich habe die halbe Nacht nicht geschlafen«, murmle ich müde, während wir über die vom Morgentau nasse Wiese trotten.

»Ärgerlich. Gerade du mit deinem Jetlag …«

»Ach, den habe ich überstanden. Konnte im Hotel in Calgary ja auch noch Ruhe finden. Und wie hast du geschlafen?«

»Bestens. Ich schlaf hier draußen sowieso gut.«

Am Gerüst angekommen, kreuzen sich unsere verschlafenen Blicke. Die Rucksäcke und alle anderen prall gefüllten Packsäcke hängen wie ein Monument zwischen den dichten Nadelbäumen. Die wilde Konstruktion der drei langen dünnen Baumstämme, über die vorherige Basketballkorbhalterung gestülpt, hat jeden Zweifel besiegt.

So vielversprechend das sonnige Wetter dem Tag einen bezaubernden Anfang bereitet, so schnell vergeht es wieder. Wie so oft in den Bergen, verzieht es sich innerhalb weniger Minuten. Der weißgraue Himmel mit seinem nebelverhangenen Horizont drückt unsere Stimmung ein wenig in den Keller.

Hauke sattelt seinen Rucksack kurzerhand ab und zieht seine hauchdünne rote Regenjacke an. Ich trage mein verschwitztes graues Wanderhemd weiter, auch als es zu regnen beginnt. Die viel zu warme Körpertemperatur der vergangenen Nacht hält an. Wie schön, dass es regnet. Bis zu diesem Guss ist es mir in Kanada bisher zu warm gewesen.

Die Stille, die sich in diesem mystischen Ambiente breitmacht, fördert meine Gedankenstille. Man hört nur die Regentropfen und die leicht wackelnden, dicht bewachsenen Zweige der Nadelbäume, die sich entlang des Wanderweges befinden.

Mittlerweile ist auch mein graues Hemd durchtränkt. Ich hole meine wasserdichte Kamera heraus und mache ein Selfie. Die Regentropfen laufen ununterbrochen an meinem Dreitagebart hinunter.

Keiner sagt ein Wort, als ob der Regen ein lautes Konzert spielt, das uns zum Schweigen bringt.

Der Regen wird stärker. Ich stülpe mir meine anthrazitfarbene Regenjacke über. Die Innenseite der ebenfalls hauchdünnen Plastik-Jacke saugt sich an mein Wanderhemd. Es fühlt sich klamm an, der ganze Oberkörper ist schlagartig einem Gänsehautgefühl ausgesetzt.

Zu dem Plätschern im Wald kommt eine weitere Melodie hinzu: ein zitterndes Rauschen der Äste, das sich durch den dunklen Wald schwingt. Eine tief grollende Explosion ertönt in unmittelbarer Nähe. Der Regen knallt ununterbrochen und immer lauter werdend auf den Waldboden. Die donnernde Entladung nach dem ersten Blitz erklingt in unseren Ohren. Wir spüren auf unseren Körpern kleine drückende Punkte, die sich überall ausbreiten – von oben, von den Seiten, von überall. Innerhalb weniger Augenblicke ist der Waldboden weiß.

Hauke, der sich in seiner roten Jacke versteckt und ein grünes Regencover über seinen Rucksack gestülpt hat, dreht sich zu mir um und zeigt mit seinem Trekkingstock rechts neben den Pfad: »Lass uns da rüber!«

»Ja, ich glaub, es ist besser … Die Hagelkörner tun schon ziemlich weh.«

Mit zügigen Schritten flüchten wir seitlich des Wanderweges in eine Mulde. Der steil abfallende Einschnitt in der Vegetation hinter uns wird zur Rampe der dicken Hagelkugeln. Sie tanzen ununterbrochen hinab und bilden am Fuße der Mulde eine weiße Straße. Es ist laut. Wir müssen, obwohl wir unmittelbar nebeneinanderstehen, ziemlich laut sprechen.

Hauke wendet sich in die Richtung, in die der Wanderweg weiterverläuft, und achtet auf die Donnergeräusche.

»Da. Oder?«

»Nicht ganz. Aber es ist nicht weit.«

»Ja, oder da knapp vor uns.«

Die tosenden knallenden Geräusche von oben, die schaurig schwarz verhangenen Wolkenschwaden samt den phasenweise aufblitzenden Ladungen des Himmels kommen genau aus der Richtung, in die unser Wanderweg verläuft.

Ich sehe sie vor mir stehen. Nur zu gut erinnere ich mich an die Erzählungen in Schweden von dem Pärchen, das das Unwetter in dem quasi untergegangenen Tal im *Sarek Nationalpark* überlebt hatte. Sie kauerten zwanzig Stunden in einer Mulde, während die Blitze und das Donnergrollen unmittelbar über ihnen waren.

Damals befand ich mich mit Andi auf Wandertour, nicht weit weg von diesem Tal, in Sicherheit. In der Ferne sah ich seinerzeit die schwärzesten und düstersten Wolkenformationen mit höllengrollenden Blitzen. Jetzt, in dieser Situation, bin ich mitten drin.

Donnerschlag!

Der Nachhall der dumpfen Explosion klingt endlose Sekunden in meinen Ohren, bis der dumpfe Ton in Schallwellen im Tal ausklingt.

Minute um Minute verstreicht. Wir sprechen kein Wort. Die vom Himmel prasselnden Hagelkörner werden weniger, der Regen bleibt konstant.

Immer wieder prüfen wir den Himmel. Wie schnell sich die Wolkenformen verändern. Kein Stillstand. Immer noch stürmische Windböen und die Echos von der Druckwelle des Donners.

Das Grollen wird allmählich dumpfer und entfernt sich. Auch die rabenschwarzen Wolkenformationen werden nach und nach dunkelgrau. Der Regen lässt nach und die Sonne bricht durch die Wolken.

»Passt. Die Show ist zu Ende.«

»Wie schnell sich das Wetter verändern kann«, wundere ich mich.

»Willkommen in den Bergen.«

Der Willkommensgruß des zweitgrößten Gebirges der Welt hallt weiter nach, obwohl seine Donnerrufe längst im nächsten Tal, fast außerhalb unserer Hörweite verschwunden ist. Alles tropft und plätschert eine Melodie: von den Nadelbäumen am Wegesrand, von unserer klitschnassen Kleidung und am Boden von den kleinen entstandenen Bachläufen. Das Wetter des kompletten nordamerikanischen Kontinents wird maßgeblich, über Tausende Kilometer weit, durch jenes Gebirge beeinflusst, das die Einheimischen einfach *Rockies* nennen.

Meine Kamera hat auch ein Bad genommen. Zum Glück ist sie wasserdicht. Ich reibe sie an meinem Shirt und drücke den On-Knopf. Das Foto von dem Hang in der Ferne, der mit Hagelkörnern übersät ist, gleicht einer Postkarte mit einer Eiskathedrale. Beim Blick auf das Display der Kamera sind auch auf dem Bild die Grüße des Gewitters zu erkennen: weiße Schleier an den Ecken und im Zentrum des Fotos. Ich puste mehrfach auf die Linse der Kamera, reibe sie wieder an meinem Shirt und setze sie erneut an. Diese Eiskathedrale muss ich auf einem Foto haben. *Klick*. Der blaue Himmel im Hintergrund, gefolgt von der letzten mit dem Auge erkennbaren Baumreihe, unterstreicht den Kontrast des bergauf verlaufenden Waldes mit jener Eiskathedrale. Die in der Sonne schillernden Eisperlen halten sich in den Senken und felsigen Vertiefungen des Berghanges fest.

Unsere Kleidung ist komplett nass. Immer mehr zeigt sich die Sonne mit ihrem warmen Strahlen. Auch der Wanderkartenausschnitt vom *Mount Domke*, den Hauke vorsichtig auseinanderzieht, ist nass, die Kanten der Karte lösen sich auf.

»Wollen wir nicht weitergehen? Ich mein, in sechs Tagen bis zum ersten gebuchten Campground müssen wir noch einiges an Strecke reißen«, wende ich mich an Hauke.

»Es wäre wohl das Vernünftigste hierzubleiben, falls das Gewitter wiederkommt. Hier haben wir Schutz.«

»Das ist ein Argument.«

»Passt.«

Die L-förmige Holzhütte mit Veranda steht auf dicken Bohlen am Wegesrand. Beim Runterdrücken des Türknaufes quietscht die alte Eingangstür. Verschlossen. Das ist anscheinend im Winter eine Schutzhütte, wenn Schnee die Rocky Mountains bedeckt. Immerhin können wir uns unter das Vordach setzen.

Wir lassen unsere nassen Rucksäcke auf die Bank auf der Veranda sinken und atmen durch.

Auf dem Geländer der Veranda breite ich meine nasse Ausrüstung aus: das Zelt, mein Hemd, das schwarze langärmlige Merinoshirt und das klatschnasse Halstuch.

»Du, Wanderkollege. Lass uns mal gleich essen, damit wir den Proviant in die Bäume hängen können. Ich will nicht, wie gestern, zweieinhalb Stunden bis zum Einbruch der Dunkelheit dafür brauchen.«

»Sehe ich auch so. Die Baumstämme neben dem Wanderweg, die wir vorhin gesehen haben, eignen sich bestens dafür.«

Hunderte Stämme von Tannen liegen auf der Böschung des Wanderweges, zersägt und an der Seite des hügligen

Pfades aufeinandergestapelt. Zu zweit befreien wir zwei klitschnasse Baumstämme mit ihren messerscharfen Ästen aus der Böschung, je vier Meter lang und faustdick. Meine wasserdichten Handschuhe sind von außen so nass, als ob ich sie in den Fluss gehalten hätte, von innen halten sie jedoch ihr Versprechen und bleiben trocken.

Wie auch gestern spießen wir die Packsäcke und unsere Rucksäcke auf die langen Baumstangen und hieven zusammen die schweren, nassen Holzlanzen an die vor uns stehenden Bäume. Die Spitze eines Stammes verkeilt sich durch unsere Hauruckbewegungen mit den Ästen des Baumes. Der blaue Packsack schwingt für eine Millisekunde, bis ihn die nassen Arme der Äste beruhigen. Auch der restliche Proviant samt der Ausrüstung stehen wenige Minuten später wie eine riesige Angel an den Bäumen.

»Können Bären eigentlich auf solche Bäume klettern?« Hauke guckt skeptisch hoch.

»Ja, das können sie. Besonders Schwarzbären, da ihre Zehen weiter auseinander sind. Doch es kommt auch drauf an, was für Äste das sind.«

»Also diese Äste sind sicher zu dünn für unsere pelzigen Freunde.«

»Das denke ich auch. Stell dir vor, du bist dreihundert Kilo schwer und willst da hoch klettern … keine Chance. Außerdem ist die Rinde viel zu glatt. Die könnten es eher runterschütteln.«

»Hoffentlich nicht.«

»Ach, die drei Holzstämme sind schon gut verkeilt. Bin müde. Ich werde gleich pennen gehen.«

NACHMITTAGS AM NÄCHSTEN TAG

»Ach du Scheiße!«

Ich bleibe stehen, gehe in die Hocke und fahre mit der offenen Hand vorsichtig über den feuchten Boden. Die markanten Eindrücke in die schwarze Erde verlaufen ein Stück versetzt voneinander genau in Richtung unseres Weges. Wohin auch sonst? Rechts und links von uns hat der dichte Wald jeden Flecken eingenommen. Nur mit einer scharfen Machete hätte man eine Chance.

Abermals fahre ich mit der Hand über die Spuren und drücke meinen Zeigefinger in eine der ovalen Einbuchtungen. Seit drei Tagen haben wir niemanden gesehen, weder ein Tier, noch einen Menschen. Jetzt, am *North Fork Pass*, am sonnigen Nachmittag, ist es sicher: Wir sind nicht allein.

»Was schätzt du, wie lange das her ist?«, fragt Hauke.

»Nicht lang, vielleicht acht Stunden. Das Spurenlesen bei den Pfadfindern ist eine halbe Ewigkeit her. Ich kann es sicher nicht mehr perfekt, doch es war auf jeden Fall nach dem Regen von gestern.«

»Es hat noch lange geregnet. Habe die Regentropfen noch bis tief in die Nacht auf das Dach der Veranda prasseln hören.«

»Also war es mitten in der Nacht oder heute früh. Der Regen hätte die Spuren sonst weggewischt oder zumindest in Wasser getränkt«, folgere ich.

Die Zehen sind eng in einer Linie in den Boden gedrückt und auch die darüber von den langen Krallen herausgerissene Erde ist frisch. »Was für ein mächtiger Abdruck der Vorderpfote. Das war ein Grizzly.«

»Und was für einer ... die Tatzen sind ziemlich groß.«

»Ein voll ausgewachsener Grizzlybär«, sage ich mit trockenem Mund. »Sieht man an der Form der Zehen. Wären sie weiter auseinander und bogenförmig angeordnet, wäre es ein Schwarzbär.«

»Na, hoffentlich geht er nicht weiter auf unserem Weg.«

»Doch, das tut er. Die Spuren führen genau da weiter, wo wir lang wollen. Nur hat der Grizzly mindestens acht Stunden Vorsprung. Und der wandert auch nur, um irgendwann was zu essen und zu schlafen, so wie wir.«

Jeder weitere Schritt von uns über die, in Relation zu den Wanderschuhen, sehr großen Spuren, lässt uns immer mehr verstummen. Die Sonne kämpft sich durch die schattigen Baumkronen und schafft es an einigen Stellen, den mit Pfützen überzogenen Waldboden zu erhellen. Als ob zerbrochene Spiegel in allen erdenklichen Formen auf dem Wanderweg lägen und in der funkelnden Sonne Lichtspiele präsentierten. Die Spuren verlaufen weiter unter uns auf dem steinigen, mit einigen Grasbüscheln übersäten Pfad.

Ich rufe in den dichten Wald: »Eins, zwei, he-ho!« Und ein weiteres Mal.

Keine Reaktion von Hauke und auch keine Reaktion von einem Tier. Die Ruhe des Waldes ist eine standhafte Gesellschaft.

Wenige Momente später höre ich weiter vor mir die Schreie meines Tourpartners: »Hallo. Hey, hey.«

Er wartet auf einer Lichtung auf mich. Am Boden sind die Bärenspuren nur noch vereinzelt erkennbar. Bei der Weggabelung, an der Hauke steht, führen die Spuren von unserem Pfad ab und in den Wald hinein.

Ich schaue Hauke an. »Ich weiß nicht, irgendwie find ich das völlig surreal mit den Bären.«

»Warum?«

»Man sieht sie nicht. Wir sehen ihre Spuren, können maximal noch sagen, ob es ein Schwarzbär oder ein Grizzly war, der da vor ein paar Stunden langgestapft ist, mehr nicht. Sie sind unsichtbar.«

»Vielleicht ist es besser, dass wir sie nicht sehen.«

»Mag sein. Nur irgendwie finde ich diese Situation komisch. Sie sind auf jeden Fall hier. Wir sind in ihrem Wohnzimmer.«

»Vielleicht sehen wir sie auch gerade nicht, weil wir wahrscheinlich auch irgendwas richtigmachen«, fügt Hauke hinzu.

»Du meinst, weil wir regelmäßig Geräusche im dichten Wald machen.«

»Passt. Und unser Essen in die Bäume hängen. Und außerdem sind wir mit Bärenspray bewaffnet ... Da fällt mir was ein: Ich habe gehört, dass Wanderer schon mal auf die glorreiche Idee gekommen sind, sich mit dem Zeug komplett einzusprühen.«

»Wozu?«

»Na ja, man könnte meinen, dass Bären den Spraygeruch nicht mögen«, lacht Hauke. »Doch die Bären mögen den Geruch.«

»Na bestens. Dann sprühen wir unsere Zelte damit ein. Dann kriegen wir nachts Besuch. Das würde mir so richtig passen.«

»Genauso machen wir das«, grinst Hauke.

»Man kann mit diesem ganzen Bärenthema echt ganz schön viel Scheiße bauen …«

Der leuchtend grüne Wald wird dichter. Die Zweige der Bäume streifen uns auf Brust- und Augenhöhe. Für einen Moment scheint die Zeit gefroren zu sein. Sekunden, die scheinbar nicht enden wollen. War da etwas? Ein Geräusch aus der Richtung, in die unser mit Zweigen geschmückter Pfad verläuft? Plötzlich schlängeln sich Schatten den Wanderweg entlang. Schon etliche Sekunden, bevor wir sie treffen, vernehme ich ein sich wiederholendes dumpfes Nachgeben des weichen dunklen Waldbodens. Hauke und ich schauen uns an und starren zu den Hufen und Gewehren, die aus den Ledertaschen herausragen. Ein Bild wie aus einer anderen Zeit.

»Holla die Waldfee. Hast du so was schon mal gesehen?«, frage ich meinen Weggefährten.

»Nein.«

Wir verstummen und blicken den drei Cowboys noch nach, auf dem in zahlreichen Kurven verlaufenden Pfad. Hinter dem nächsten Baum sind sie verschwunden, als ob sie nie da gewesen wären. Jeder Gedanke an sie versetzt mich abermals in eine andere Zeit. In meiner Kindheit habe ich Comics von ihnen durchblättert und sie in Bad Segeberg, in Schleswig-Holstein, bei den Karl-May-Spielen bestaunt. Habe ich zuvor jemals in meinem Leben echte Cowboys auf Pferden gesehen? Mit echten Waffen? Träume ich? Und wir stolzieren hier in unserer moskitodichten Hightech-Kleidung rum – UV-Strahlen geschützt, ultraleicht und aus chemischen Kunstfasermischgeweben. Ich muss grinsen bei meinen Überlegungen und steche weiter meine Wanderstöcke in die dunkle Erde.

KREUZUNG

Am Dutch Creek Campground,
Backcountry-Territorium, abends

Wie ein Tatortermittler prüfe ich den grasüberwachsenen Boden. An der Kreuzung von unserem Wanderweg und dem engen Pfad zum Fluss krieche ich wie ein Tier entlang.

Hauke hat an der alten Feuerstelle seinen Rucksack abgesetzt und schaut zu mir rüber. »Und?«

»Diesmal zwei Schwarzbären. Noch recht jung. Die sind auf jeden Fall zum Fluss runtergegangen und kamen da aus dem Wald hinter der Feuerstelle.«

»Scheint hier wohl eine Bärenhochburg zu sein.«

»Das Krasseste ist, dass diese Spuren deutlich frischer sind als die Grizzlyspuren von vorhin. Sieht man an den heruntergedrückten Grashalmen, sie sind noch feucht und nicht von der Sonne getrocknet. Wo pennen wir heute Nacht eigentlich?«

»Keine Ahnung. Hier ist es ringsum ziemlich sumpfig. Lass uns erst mal was essen.«

Während das Kochwasser im Plastikbeutel tanzt, gucke ich zum Fluss, einer offenen, grünen und morastigen Fläche, umgeben von bis zu sechs Meter hohen Tannen. Nur vereinzelt stehen sie in kleinen Gruppen an der Seite, wie eine Fußballmannschaft kurz vor der Verlängerung, die in kleinen Gesprächsrunden die weitere Spieltaktik beratschlagt.

Nachdem ich den stiftähnlichen Insulin-Pen von meinem Bauch entfernt habe, reibe ich die Stelle mit Dreck ab. Das Gleiche mache ich mit meinen Händen.

»Die Bären sind hier direkt an der Feuerstelle lang gegangen«, würge ich mit trockener Stimme aus mir heraus. Hauke nickt.

Immer wieder schaue ich hinter uns in den Wald hinein und links von uns den Wanderpfad hinauf.

»Du fühlst dich hier an dieser Wiese nicht wohl, oder?«, fragt mich mein Gegenüber.

»Ich fühle mich hier überhaupt nicht wohl. Wir sind hier quasi mitten auf einer Kreuzung, einer Bärenkreuzung an einer offenen Fläche, die direkt zum Fluss führt, und kochen eine wohlriechende Mahlzeit.«

Einige Meter in der Höhe hinter der Feuerstelle ragt eine riesige Holzlatte quer über den Pfad, der in den Wald führt. An einigen Stellen oberhalb davon hat der tote Riese seine Rinde verloren. Genau dort soll das Seil seinen Platz finden. Sicher sind mein Tourpartner und ich nicht die ersten mit dieser Idee. Mein frisch abgewaschener Topf wird kurzerhand zu einer Wurfbeschwerung am Seil umfunktioniert. Und Attacke! Der erste Wurf trifft die toten ausgestreckten Äste des Riesen und der festgebundene Topf purzelt auf den Waldboden. Und noch einmal. Wieder daneben. Beim dritten Wurf verkeilt sich der Topf mit dem Seil im toten Astkleid. Jede Hauruckbewegung am Seil befestigt den kleinen Topf noch stärker.
Ich gehe am Riesen entlang und schaue empor. »Gib mir mal bitte gleich das Seil auf halber Höhe an.« Mit einem Satz kletter ich zum ersten toten Ast hoch. Neben dem Wurzelgeflecht befindet sich ein zwei Quadratmeter großer Krater mit aufgeplatzter Erde, wie eine offene Wunde, die nicht verheilen mag. Ich krabbele weiter hoch. Plötzlich bricht ein Ast unter meinem Fuß ab. Mit einer Schreckbewegung halte ich mich an den anderen Ästen fest.
»Jo, kann losgehen.« Ich strecke die Hand am Baumstumpf hinunter, das Seil greifend.

An den Ästen kraxle ich nun weiter mit dem Seil in der Hand nach oben. Der Blick fünf Meter in die Tiefe zu Hauke lässt mich heftig einatmen. Langsam ziehe ich das weiße Seil über den Baumstamm zwischen zwei Ästen und lasse die Wurfbeschwerung hinuntergleiten.

Als ich wieder unten bin, zieht Hauke die an einem Karabinerhaken befestigte erste Ladung Ausrüstung hinauf.

»Wollen wir für die weiteren Sachen zum Aufhängen das Seil nicht einfach zerschneiden?«

»Nein. Auf gar keinen Fall«, entgegnet Hauke. »Vielleicht brauchen wir das Seil die nächsten Tage noch in einem Stück.«

»Wie willst du es denn sonst machen?«

»Einfach an verschiedenen Stellen festbinden.« Er bindet ein Seil an einem wenige Schritte entfernten Baum fest. Nach gezieltem Wurf über den Riesen sind die prall gefüllten Rucksäcke dran.

»Fertig. Läuft. Besser kann man den Proviant hier nicht hinhängen. Ich schaue dahinten mal nach. Vielleicht können wir da irgendwo unsere Zelte aufstellen.« Er geht auf dem Pfad, der vom Fluss entlang in den Wald hineinführt, und ist auch schon verschwunden.

Ich presse den Proviant und meine Medikamente, mit Alufolie umwickelt, zurück in meine Bärenbox. Eng an eng liegend findet jedes Utensil Platz. Nach ein paar Mal Drehen rastet der schwarze schallplattengroße Deckel ein. Wie gestern ratsche ich mir den Zeigefinger und den Mittelfinger an der scharfen Deckelkante. Winzige Hautfetzen hängen an beiden Fingern.

Ich schaue neben dem Wanderpfad zum Steinfeld, einem zerklüfteten Sammelsurium heruntergefallener Steine von den Hängen des *Funnel Peak* und des *Tornado Mountain*. Mir kommt eine Idee.

»Hauke?«

Kein Wort aus der Tiefe des Waldes. Vielleicht hat er einen Zeltplatz gefunden. Vielmehr Optionen haben wir hier nicht. Der Sumpf auf der mit Gras überwucherten Fläche sieht nicht nach einem festen Untergrund aus. Auf der anderen Seite des kleinen Flusses, der in der Mitte des Tals verläuft, stehen dicht an dicht bis zu achtzig Meter hohe Nadelkolosse.

Dumpfe Schritte erklingen aus dem Dickicht. »Du, im Wald sind noch mehr Bärenspuren. Alles voll. Und … na ja, auch dort ist kein Platz für unsere Zelte.«

»Ich weiß, wo wir nächtigen können.« Ich deute nach links oben. Zerbrochene Steinschichten weit und breit. Neben zersplitterten anthrazitfarbenen Steinen in allen erdenklichen Größen haben sich fünf Tannen in dem messerscharfen Steinlabyrinth verirrt. »Siehst du diese Bäume mitten im Steinfeld? Wenn die da stehen kön-nen, muss da auch irgendwo ein Flecken Erde sein, wo wir unsere Zelte aufschlagen können.«

»Dann versuchen wir das mal.«

Mit jedem Schritt auf dem brüchigen Geröll werde ich langsamer – eine Nacktschnecke, die sich ihren Weg sucht. Zum Teil bis zu drei Meter tief geht es zwischen den kantigen Steinspitzen hinab. Ich springe von einem

Steingiganten zum nächsten. Eine zusammengedrückte Gemeinschaft von den ausgesonderten Gesteinsschichten der Berge.

Hauke geht entlang des Wanderweges zurück und versucht, weiter oben zu den Tannen mitten im Steinfeld zu gelangen.

Einige Steine bewegen sich beim Drübergehen. Ein knirschendes Rumoren ertönt aus dem Untergrund. Der einzige Klang neben dem Stechen meiner Trekkingstöcke.

Wir erreichen das Zentrum unserer Begierde an der Tanne, die sich frech mitten im Steinfeld fast allein einen Platz gesucht hat. Noch ein Stück weiter rechts von ihr ist wirklich zwischen dem Geröll eine kleine Wiese.

»Hammerplatz zum Zelten.«

»Und den Ausblick gibt es gratis dazu. Von hier oben ist die Wahrscheinlichkeit bestimmt am höchsten, einen Bären auf der Wiese zu beobachten.« Mein Wanderkollege schaut auf die offene Fläche.

Nach dem schnellen Zeltaufbau ist er wieder verschwunden. Alleine stehe ich neben den Zelten, umzingelt vom Steinfeld. Erst nach einigen Momenten vernehme ich das Ratschen von Wanderschuhen über den Steinuntergrund.

»Dahinten ist übrigens die Toilettenecke.« Hauke zeigt über das Steinfeld. Es ist nur Geröll zu sehen.

»Die … äh, Toilettenecke. Ganz offiziell.«

»Jepp. Offizieller geht es gar nicht.«

»Und du hast den Toilettenbereich gerade eingeweiht?«

»Ja. WC-Ausblick inklusive.«

»Alles klar«, erwidere ich sein Grinsen und taste nach meinen Taschentüchern in der Wanderhose. »Dann werde ich diese Wildnis-Toilette auch mal ausprobieren.«

Unsere *offizielle* Toilettenecke ist hundert Meter entfernt von den Zelten hinter einem Felsen. Genau nach Lehrbuch. Neben dem Proviant ist die Notdurft für Bären ebenfalls interessant und für uns eine weitere Möglichkeit, unverhofften Besuch zu bekommen. Sollte man also aus Versehen, der Dringlichkeit wegen, direkt am Zelt sein *Geschäft* vollenden, so könnte man gar die ganze Nacht Besuch bekommen. Gut für jeden Wanderer, der das überhaupt weiß.

Finden wir Menschen Fäkalien abstoßend, so ist das für den Bären durchaus *interessant*. Was die Bären mit Fäkalien machen, möchte ich gar nicht so genau wissen. Mir ist nur wichtig, meine Ruhe im Camp zu haben und alles *Interessante* für die riesigen Vierbeiner woanders zu deponieren.

Mit dieser Gewissheit genieße ich den Ausblick auf das Bergszenario während des *Geschäftsabschlusses*, weit genug weg von unseren Zelten, und neutralisiere anschließend meine Hände mit Tannenästen. Die von den Tannennadeln ausgewrungenen ätherischen Naturöle kompensieren jeden noch so *interessanten* Duft.

Als ich vom *Geschäftsabschluss* zum eingerichteten Zeltplatz zurückkehre, sehe ich meinen Wanderkumpanen auf einem riesigen Felsbrocken sitzen. Er schreibt in ein kleines Notizbuch.

»Na, schreibst du deine Memoiren?«

»Na ja, halt das, was die letzten Tage so passiert ist. Mit allen Eckdaten. Wolltest du nicht eigentlich auch ein eigenes Tourbuch schreiben?«

»Ja ... ich muss hier erstmal klarkommen. Nee, Scherz beiseite, ich komm einfach nicht dazu. Vielleicht schreibe ich die nächsten Tage was.«

»Der Platz hier zum Zelten gefällt mir. Einen besseren hätten wir hier auf der sumpfigen Wiese wohl nicht gefunden, geschweige denn im Wald.«

»Also hier fühle ich mich deutlich besser als vorhin. Ist sicherlich nicht unmöglich für einen Bären, hier ins Steinfeld zu gelangen, doch auch ziemlich schwierig durch die messerscharfen Steinkanten.«

»Passt. Außer unserer offiziellen Toilettenecke gibt es hier oben ja auch nichts Interessantes ... für unsere felligen Freunde.«

Ich sehe mich um. Die schattigen Nadelbäume haben uns umzingelt, säumen die Hänge bis hin zur Wiese, die durch den kleinen Bach geteilt ist. Der Fluss neben dem Steinfeld windert sich wie eine Schlange durch das wilde Tal. Größer als jedes Hochhaus stellt sich das Bergmassiv der Sonne entgegen; eine überdimensionale Bergwand. Die letzten Strahlen blitzen über die Spitzen der Gipfel. Die Ruhe setzt sich fort, als ob das ganze Tal meditiert, in dieser dritten Nacht in den Bergen.

DIE KATHEDRALE AUS FELS

In der Nähe vom Tornado Pass, 16. August, morgens,
einige Kilometer weiter auf dem Trail

»Was ist hier passiert?«

Der Pfad mitten in dem längs verlaufenden Tal ist mit auf dem Boden liegenden Bäumen übersät. Dutzende Haufen Hunderter zerborstener Nadelbäume liegen kreuz und quer übereinander, zusammengepfercht, als ob ein Bulldozer durch den Wald gefahren wäre.

»Ein Erdrutsch?«

»Das erklärt aber nicht die abgebrochenen Bäume. Als ob das hier alles weggesägt wurde.«

»Na ja, eine Säge war hier jedenfalls nicht am Werk. Die ganzen Baumstümpfe sehen so aus, als ob sie zerplatzt sind«, meint Hauke.

»Ja, das ist echt komisch. Von Menschenhand ist das nicht.«

Der Boden ist teils mit zerplatzter Rinde, teils mit frischen Nadelästen bedeckt. Der Wanderweg ist verschluckt und die noch müde Sonne am Himmel lässt die verschlissene Fläche vor uns heller erscheinen. Eine unwegsame Lichtung, als ob ein Bergmonster durch den dichten Wald gegangen ist und vor lauter schlechter Laune mit seinen riesigen Pranken alles umhergeworfen hat.

»Das war's wohl erst mal mit dem Wanderweg. Wie kommen wir denn jetzt hier weiter?«

»Gute Frage, nächste Frage.«

Wir schauen uns um. Weiter oberhalb stehen nur noch vier einzelne Bäume auf dem Berg. Von da verläuft die niedergemähte Fläche zu uns hinunter.

»Lass uns versuchen, weiter nach oben zu gehen und dann diese Fläche zu queren. Da hinten, wo die Bäume wieder beginnen, gehen wir einfach durch den Wald nach unten zum Trail«, schlage ich vor.

Trotz vorsichtiger Schritte über frische Baumstämme, zerrissene Wurzeln, Tannenzapfen und Rinde versacken die Wanderschuhe bis zur Hälfte. Der Boden scheint aufgewühlt, weich wie Gummi. Nur mit Hilfe meiner Trekkingstöcke finde ich Halt.

Nach einiger Zeit erreichen wir die Mitte der niedergemähten Rampe.

»Hauke, findest du es nicht auch seltsam, dass nur am Rand und unten beim Wanderweg die Bäume übereinandergeworfen wurden? Ich meine, was muss das für eine Druckwelle gewesen sein …«

»Vorgestern ist das Unwetter mit dem Blitz und Donner in diese Richtung gezogen, oder?«

»Ja.«

Wie ein Hindernis-Parkour verlaufen die nächsten Meter. Klettern wir über den einen Baum, müssen wir unter dem nächsten hindurchrobben. Wandern? Limbo tanzen.

»Langsam muss der Pass doch mal kommen …« Ich schaue im dichten Wald den Pfad hinauf. Nach einigen Schritten weiter empor auf dem dicht bewaldeten und immer steiler werdenden Weg ist von einem Moment auf den anderen überhaupt kein Pfad mehr vorhanden. Nach der lilafarbigen Linie auf dem Bildschirm des GPS-Gerätes geht es weiter querfeldein, schräg nach oben.

Die vereinzelten Rufe von Hauke und mir den Hang hinauf, um Wildtiere zu verscheuchen, klingen wie Aufrufe an den Berg: *Du wirst jetzt bestiegen, du grauer Koloss. Sei gnädig.*

Aus dem kühlen Schatten des Berges führt jetzt jeder Schritt vor das Auge der knallenden Sonne. Das Ambiente der schroffen Bergkathedralen über unseren Köpfen, der Sonne entgegen, gleicht dem wilden Westen. Und wir sind tatsächlich im Westen Kanadas in der Wildnis, ohne einen Film zu sehen oder ein Comic wie *Lucky Luke*. Es ist so echt, dass man danach greifen möchte. Nur das Pferd fehlt, um die schweren Rucksäcke den Hang hinaufzuschleppen.

Der Pfad taucht von Neuem auf. Hauke ist bereits einen halben Kilometer weiter oben und schaut zurück zu mir den Hang hinunter.

Bei ihm angekommen, ist eine Pause angesagt auf dem mit einer Wiese überwachsenen Steilhang. Das kühle Flusswasser fließt durch meinen Hals und breitet sich in meinem Körper aus wie eine Welle. Die durchgeschwitzten Gamaschen, Nylon-Beinlinge bis hin zum Knie, haben festgeschnürt auf dem Rucksackdeckel ihren Platz gefunden. Ich senke meinen Kopf nach unten.

»Wollen wir weiter?«, fragt mein Bergsteigerkollege.
»Einen Moment noch.«

Jeder Tritt gleicht einem Kampf gegen den Berg. Die schweißtreibende Sonne steckt mit dem Berg unter einer Decke. Jeder Stechschlag der Trekkingstöcke in den Rücken des Berges lässt kleine Steine den Hang hinunterrollen.

Der schrägverlaufende Pfad hat sich längst verabschiedet, als ob der Berg uns nicht willkommen heißen würde. Der Blick nach oben zeigt Hunderte Meter Steilhang, geradlinig auf die Sonne hinzu.

Plötzlich bleibt Hauke direkt vor meiner Nase stehen. Acht Karibus machen sich am Hang an den letzten Grashalmen zu schaffen. Tief in ihr Fressen versunken, zeigen uns über die Hälfte von ihnen den blanken weißen Hintern. Einer nach dem anderen guckt zu uns herüber, während wir uns nähern. Sie stehen direkt an der Stelle, von der aus die heruntergedrückte Linie auf dem Steinuntergrund zur Bergkuppe emporläuft. Eins nach dem anderen bewegt sich zur anderen Seite am Gefälle.

»Wir stören sie, glaube ich.«

»Aber wir müssen da lang ...«

»Das sind doch Rentiere, oder?«

»Karibus, die nordamerikanischen Vertreter der Rentiere.«

Ein Wildtier nach dem anderen kehrt uns den hochgehaltenen Hintern zu und trottet weg. Die Karibus leben wild, ohne eine Zucht oder einen anderen menschlichen

Einfluss. Ihr einziger Feind ist Meister Petz, wie der Grizzlybär von gestern früh. Sicher nicht die zwei kleinen Schwarzbären, die gestern vor unserer Ankunft zum *Dutch-Creek*-Fluss getrabt sind.

»So, los geht's«, ruft Hauke.

Noch ein paar Momente schaue ich den Karibus nach, bis zur nächsten Runde im Kampf mit dem Berg.

Alle fünfzig Meter halte ich an für eine kurze Verschnaufpause. Die Grünflächen sind von den Steinlawinen überrollt. Fast kein Grashalm ist mehr zu sehen. Bei jedem Blick über das riesige Areal wird mir bewusst, wie unbedeutend ich bin. Ein winziger Punkt in diesem Tal, das so groß ist wie die Fläche einer Großstadt.

Immer mehr Steine fallen in den Abgrund. Jeder Fußabdruck lässt Dutzende weiterer wegrutschen. Die Trekkingstöcke leisten ganze Arbeit beim Zickzackgang hinauf. Hauke ist wieder deutlich weiter oben und wartet. Einige Steine lösen sich und fallen in meine Richtung, was mich zum Anhalten zwingt.

»Wow, wow, wow. Das ist nicht ganz ungefährlich.«

»Ach, das passt. Da hatte ich mit meinem Kumpel in den Alpen schon um Längen gefährlichere Situationen.«

»Schön für dich«, winke ich ab, »mir ist das zu heiß. Nachher entfachen wir noch einen Erdrutsch. Lass uns wenigstens versuchen, ein wenig versetzt zu gehen.«

Unzählige Steine rollen weiter am abschüssigen Weg in die Tiefe, verselbstständigen sich und verbünden sich mit weiteren. Eine Kettenreaktion.

Wir nähern uns dem Sattel des Berges. Mein blaues Funktionsshirt ist schweißgetränkt und klebt an meinem Oberkörper. Links präsentiert sich in ihrer vollen Pracht eine steinige Kathedrale. Die jahrhundertealten Steinschichten zeigen sich in ockerfarbenen, pechschwarzen und staubgrauen Vertäfelungen, wie in einem Wohnzimmer. Ein steiniges Kunstwerk von Mutter Natur.

Der steile Weg wird flacher. Hauke steht bereits weiter vorne auf einer Stelle mitten auf dem Bergrücken und schaut ins andere Tal. Im Schnellschritt gehe ich auf ihn zu. Neben ihm steht ein Stein-Männchen – flache, breite Steine übereinandergestapelt. Links daneben ragt der allerhöchste Punkt des Berges wie ein gewaltiges Segel in den Himmel. Wievielmal die drei Masten der *Gorch Fock* in diese Höhe passen, bleibt unerschlossen.

Ich gehe auf Hauke zu und wir schlagen uns in die Hand. Ein fester, schwitziger Händedruck.

»Glückwunsch.«

»Dir auch. Man merkt auf jeden Fall, dass du Alpenerfahrung hast.«

»Ach was.«

»Doch, doch. Und dieser Tornado Pass«, grinse ich.

»Der Name ist auf jeden Fall Programm.«

KATZ-UND-MAUS-SPIEL
Zum Cache Creek, nachmittags

Die Schweißperlen laufen unter meinem Cap die Stirn hinunter in meine Augen. Trotz atmungsaktiver Mütze ist es wieder einmal so weit: Sonnenbrille abnehmen, mit dem Halstuch abtrocknen und blinzeln. Hauke ist weiter vorne außer Sichtweite auf dem nächsten spärlich bewaldeten Sattel unterwegs, während ich ein Video drehe. Mein GPS-Gerät schwingt pausenlos am Gurt mit dem Karabiner gegen meine Brust. Es geht weiter bergauf, als ob es direkt zu den schiffchenförmigen Wolken gehen würde. Über den Wolken ist die Freiheit bekanntlich grenzenlos. Hier scheint der Übergang dorthin zu sein.
Die Sonne brennt unablässig. Kein Schatten weit und breit. Ich hätte gerne ein Dauererfrischungsgetränk, einen alkoholfreien Rocky-Mountains-Cocktail mit Eis, der sich automatisch auffüllt, nur wenn ich daran denke. Das Wasser, das mit jedem Schritt in der Wasserflasche ein schwappendes Geräusch macht, geht zur Neige.
»Das ist echt illegal ...«
»Was meinst du?«
»Das Wetter ... Sind doch bestimmt dreißig Grad.«
»Kommt hin.«
»Diese nordamerikanische Sonne wird mich noch umbringen.«
Die letzten Meter auf dem Bergsattel hoch zum längsgezogenen Gipfel haben es in sich. Es ist steil und unaufhörlich schweißtreibend. Auch hier haben es verein-

zelte Baumfamilien hingeschafft, deutlich mehr dem Wetter ausgesetzt. Als ob die einzelnen Baumfamilienräte gerade im Kreis tagen, um zu beratschlagen, wie es weitergeht.

Der Anstieg ist vollbracht. Der Marsch auf der fast ebenen Platte des Berges gleicht, ganz im Gegenteil zum Anstieg, einem Spaziergang mit Sightseeingcharakter. Es ist ein majestätischer Ausblick von hier oben, auf die grünen Täler, dem Horizont entgegen. Quadratkilometerweise nichts, nur endlose Landschaft über dem verschachtelten Wolkenhimmel. Ein Fernrohr wäre jetzt ein Genuss.

Das Wasser in der Flasche ist fast leer. Ich atme tief durch.

ABENDS

Einem schattigen Urwald kommt das Buschwerk am reißenden Fluss gleich, obwohl sich die Sonnenstrahlen von oben unentwegt durch die Baumkronen kämpfen. Als ob der Wald zur Sonne sagt: *Hier kommst du nicht rein. Hau ab, du brennendes Höllenfeuer.* Es muss der *Cache Creek Campground* sein, so sagt es Haukes schwarzweiß ausgedruckte Wanderkarte. Vor über zwei Stunden, auf dem Weg hierhin, haben wir wieder frische Bärenspuren entdeckt. Von einem Schwarzbären. Wohl die einzigen Wegbegleiter, die wir haben.

Bei der Feuerstelle, mit zum Teil morschen Sitzgelegenheiten in Form von abgesägten Baumstümpfen, setzen wir unsere Rucksäcke ab. Das soll der Campground sein? Würde das GPS-Gerät lügen? Beim Blick hinauf zu den ausgestreckten Armen der Bäume entdecken wir vermoderte, herunterhängende Seile und tiefe Kerben in der Baumrinde. Dutzende.

»Hier können wir heute Nacht auch unseren Proviant aufhängen.«

»Ja, das ist hoch genug.«

Hauke kramt das zehn Meter lange Nylonseil aus seinem Rucksack und wirft es neben einen der Schattenbäume. In einer Stunde wird es dunkel.

Lediglich mit unserem Bärenspray am Mann durchqueren wir auf einem minimal ausgetrampelten Pfad den Urwald. Wie Fußgänger auf einer Promenade stellen sich uns die dicken und dünnen Bäume in den Weg. Wir schlängeln uns hindurch und erkennen weiter hinten eine Lichtung. Es muss der Zeltplatz sein. Woanders findet hier kein Zelt Zuflucht.

Wir teilen uns auf. Dieser Platz ist zu eng für zwei Zelte, weiter rechts ist es zu uneben. Ich gehe über die Lichtung auf die steile Anhöhe zu. Von da oben hat man sicher den besten Überblick für eine Zeltplatzsuchaktion.

Was ist das da auf dem Rasen? Beim Blick weitere sechs Meter zur Seite das Gleiche. Hauke scheint es ebenfalls bemerkt zu haben. Er geht vom Rande der Lichtung hin. Genau an jenen beiden Plätzen ist der Rasen markant runtergedrückt, platt. An die drei Meter lang und zwei

Meter breit war das Zelt, das hier stand.

Als Hauke ankommt, knie ich bereits auf dem Boden, beuge mich nach vorn über und nehme einen vollen Atemzug durch die Nase.

»Dominik, was ist das?«

»Wenn es das ist, was ich denke, dann sollten wir hier, so schnell es geht, weg.« Ich drehe mit Hilfe eines Astes das kleine Objekt um und rieche erneut dran.

Auch Hauke tut es und wendet sich mir zu: »Das kann doch nicht sein. Wer lässt so was hier liegen? Gerade hier im Bärenland? Was … äh …«

»Keine Ahnung.«

Die beiden Käsestücke haben die Form eines Ziegelsteines. Jeweils vielleicht ein halbes Kilo, ausgepackt und klar erkennbar auf die Stelle der heruntergetretenen Lagerplätze gelegt.

Bären sind in der Lage, sich auf unbestimmte Zeit Orte zu merken. Futter ist Mangelware in der Wildnis und Meister Petz hat immer Hunger. Dort, wo es etwas zu fressen gibt, wird er in einigen Tagen oder Wochen wiederkommen. So ein Ort bedeutet dann für den Bären Erfolg und für den Menschen eventuell den Tod.

»Alter, das ist echt nicht zum Lachen. Was machen wir?«

»Den Käse einfach in den Fluss zu werfen wäre sicher keine gute Idee. Der Boden riecht auch weiter danach«, sage ich langsam. »Es ist wohl das Klügste, ihn einfach liegen zu lassen. Wenn wir hier in ein paar Tagen raus sind, melden wir das der Polizei.«

»Gute Idee. Oder dem Wanderverein, wenn wir wieder Handynetz haben.«

Immer wieder gucke ich auf die grasbewachsene offene Anhöhe oberhalb von uns und links in den schattigen Urwald. »Die können dann hier mit einem Hubschrauber einfliegen und den Campground schließen. Lass uns hier, so schnell es geht, weg.«

Wie viele Wanderer haben die letzten Jahre hier gezeltet, Erfahrene und Neulinge? Sobald Müll oder Essen einfach hinterlassen wird und sich ein Bär mit seiner hochsensiblen Spürnase auf zwei Quadratkilometern im Umkreis befindet, kann es haarig werden. Ein Überraschungsbesuch der besonderen Art, den man sicher niemals vergisst, sollte man ihn überleben.

Mit jedem Schritt durch den Urwald in Richtung des Flusses steigt meine Verständnislosigkeit. Wer lässt diese beiden großen Stücke genau dort liegen, wo Menschen zelten? Und das erst vor wenigen Tagen. Warum? Hat es einen völlig anderen Grund? Gab es hier vor ein paar Tagen eine Tierattacke und der Käse soll weitere Wanderer wie uns warnen, gar fernhalten?

Zurück an der Feuerstelle, kochen wir mit ratlosen Gesichtern eine warme Mahlzeit, hängen unseren Proviant in die Schattenbäume und gehen zurück zum Wanderweg.

»Lass uns einfach ein Stück weiter den Trail entlang gehen. Da oben finden wir schon irgendwo einen verfluchten Bereich zum Zelten. Die beiden Anstiege haben mich müde gemacht.«

DREI TAGE SPÄTER

James Lake, 19. August, morgens

Seit vorgestern ist der *Landslide Path* bezwungen, eine kilometerlange Hochebene, der Weg über die Flussarme des *Cataract Creek* und den *Fording Pass*. Dreiundfünfzig Kilometer weiter auf dem *Great Divide Trail*, bergauf und bergab, im *Backcountry Territorium*. Ein ewiges Spiel. Trotzdem sind wir immer noch nicht im Zeitplan. Die gebuchten festdatierten Zeltplätze in dem bevorstehenden Provincial Park und den Nationalparks verfallen, wenn wir es nicht schaffen. Gestern Abend, vor Einbruch der Dunkelheit, haben wir den *James Lake* erreicht. Der Schock der vergangenen Nacht steckt mir noch immer in den Knochen.

»Und … ist jetzt alles gut bei dir?«

»Ja. War schon abenteuerlich.«

Ich schaue von der Anhöhe auf den Waldsee mit der Form einer Raute und hole tief Luft. Ich klettere den Baum an dem Balken hoch, der quer an dem Stumpf befestigt ist, und hole Haukes großen Packsack, meinen Rucksack, den blauen Beutel mit dem Bärenkanister und den schwarzen sowie meinen roten Packsack herunter.

Mein Blick auf meinen roten Packsack ist wie versteinert. »Habe ich dich letzte Nacht eigentlich geweckt?«

»Ach was. Ich war sowieso halb wach. Sonst schlafe ich eigentlich immer tief und fest.«

»War auf jeden Fall die abenteuerlichste Unterzuckerung, die ich jemals gehabt habe in meiner gesamten Diabetes-Karriere.«

»Ist ja alles gut gegangen.«

»Bin noch nie zuvor in der Nacht einen Baum hochgeklettert, um Traubenzucker zu kriegen.«

Ich halte mein Blutzuckermessgerät an das Pflaster an der Rückseite meines Oberarms, dass minütlich meinen Gewebezucker misst. Der Zuckerwert erscheint auf dem Bildschirm des kleinen schwarzen Gerätes, dem *FreeStyle Libre*. Anschließend injiziere ich mit meinem Insulin-Pen das Essensinsulin. Währenddessen frühstücken wir. Meinem *inneren Freund*, dem Typ-1-Diabetes, geht es an diesem Morgen besser als in der Nacht, in der ich mit Herzrasen von der Unterzuckerung aufgewacht bin.

Wir verlassen den *James Lake* und begegnen im Wald immer mehr Nebelschwaden, die sich über den Bäumen festgesetzt haben. An der Baumgrenze ist der Übergang zu den tief stehenden Wolken wie eine virtuelle Linie zu erkennen. Der sich langsam ankündigende Anstieg führt über schroffe Steinformationen, von denen manche Steine locker liegen. Alle hundert Meter zeigen sich Tannen, die entweder einzeln oder in Gruppen beisammenstehen. Winken sie mir zu?

Je höher wir kommen, desto dichter werden die breiten weißgrauen Schwaden über unseren Köpfen. Sie kommen nicht nur von oben, sondern auch von den Seiten. Hauke ist seit einiger Zeit etwa dreihundert Meter vor mir. Ich sehe ihn oben langsam im Nebel verschwinden. Alle paar Minuten halte ich an und mache kurz Pause. Durchatmen. Weiter.

Einige Meter später sehe ich meinen Wanderkumpel auf einer Stelle stehen und in meine Richtung schauen.

Langsam nähere ich mich und rufe: »Der Horizont ist fast nicht mehr zu sehen. Das grenzt ja schon an einen Whiteout.« Dieses wetterbedingte Phänomen wird durch die diffuse Reflexion des Sonnenlichts hervorgerufen – ein allumfassender Nebel.

»Na ja, wenn es überhaupt einer ist. Wir haben es gleich bis ganz nach oben geschafft. Ist nur noch ein Stück.«

»Das denke ich schon seit einer Stunde. Wie lange soll der Anstieg eigentlich noch dauern? Immer diese ständigen Aufstiege jeden Tag. Wenn es so anstrengend weiterläuft die nächsten Tage, werde ich die Tour niemals schaffen.«

»Na, warte erst mal ab.«

»Mein Ernst. Dann werde ich die Tour abbrechen und ein paar Tage in Vancouver verbringen.« Völlig außer Atem gehe ich neben Hauke weiter auf dem steinigen nassen Stieg. »Ich weiß auch nicht, was los ist. Ich habe mich ein halbes Jahr mit Schwimmen, Kraftsport und Joggen auf diese Wanderung vorbereitet. Die Rockies sind echt eine Nummer. Ist auf jeden Fall bisher die anstrengendste Tour meines Lebens.«

»Was? Das kannst du jetzt schon so beurteilen? Nach einer Woche? Weißt du, man kann das hier schon mit den Alpen vergleichen.«

»Schön für dich. Ich bin nicht wirklich alpenerfahren. War schon einige Male in den Bergen, meist in Skandinavien, doch die kann man nicht mit den Rockies vergleichen. Ich finde es hier deutlich schweißtreibender.«

»Ich finde, mit Skandinavien kann man das schon vergleichen. Besonders die Wälder, die hier die Bergwelt mit ausmachen.«

»Vielleicht ist es auch die kanadische Sonne, die mich zermürbt«, sage ich mit einem tiefen Seufzer, während wir im Nebel verschwinden.

Kapitel 3

DIE BÄRENFRAGE

ZEITPLAN
Fording River Pass, Provinz Alberta,
vormittags

Die Sonne bricht den Nebel. Warme Sonnenstrahlen oben auf dem Berg kämpfen sich durch die Wolken. Innerhalb weniger Minuten wird der Himmel so blau, dass der vor uns liegende Abstieg klar erkennbar leuchtet wie eine Tür in eine andere Welt. Kurzerhand befreie ich mich von meiner Kunstfaserjacke und stopfe sie in die Netzaußentasche meines Rucksacks.

»Wir haben es geschafft, Hauke.«

»Ja, und wir passieren gleich die Grenze zur Provinz British Columbia. Das heißt, wir sind auch in einer anderen Zeitzone.«

»Wie wird die andere Zeit da drüben sein?«

»Eine Stunde zurück.«

»Anscheinend ist da drüben auch das Wetter ganz anders.« Ich zeige in die Richtung der sich immer mehr brechenden Wolkenformationen. »Die Kontinentale Wasserscheide ist als Felsformation bestimmt auch für das Wetter ein so hoher Übergang, dass hier die Wolken gebrochen werden. Wir könnten Glück haben.«

»Das wäre grandios.«

»Ach, ich weiß auch nicht, was vorhin mit mir los war. Ich steigere mich manchmal in Dinge rein.«

»Habe ich gemerkt.«

Ich schaue auf das verdreckte Display des GPS-Gerätes.

»Wir müssen echt einen Zahn zulegen, sonst schaffen wir es nicht bis morgen zum vorgebuchten Zeltplatz.«

»Wir müssen es irgendwie hinbekommen.«

»Jetzt geht es wenigstens bergab und dann bis zum Peter-Lougheed-Center so ziemlich auf einer Ebene weiter.«

»Ein wenig Anstieg kommt schon noch. Doch nichts im Vergleich zu den Anstiegen, die wir bisher hatten. Passt.«

»Ich schlage vor, wenn wir unten an dem Feldweg angekommen sind, mache ich uns was zu essen.«

»Klingt gut.«

»Wie geht es eigentlich deinem Knie, Hauke?«

»Ach, frag' besser nicht. Das erinnert mich an den Schmerz. Ich habe das Knie jetzt erst mal mit dem blauen Klebeband fixiert. Muss gehen.«

Nach Durchquerung des trockenen Nebenarms eines laut vorbeirauschenden Flusses steht ein Schild am Wegesrand. Bombenfest steht es mit zwei in den Boden gerammten Holzlatten, an denen mehrere Holzbretter quer festgenagelt wurden. In weißer, klar erkennbarer

Schrift lese ich: *Aldrige Creek. Erholungswanderweg, in Kooperation mit der Hornaday-Wildnis-Gesellschaft, Great Divide Trail.* Der Vergleich mit der zerfledderten Karte bestätigt unseren Standort.

Der verstaubte Feldweg wird von einem Fluss durchtrennt. Ein schattiges Plätzchen wird zu unserem Rastplatz. Ich setze mich etwa hundert Meter abseits und hole meinen kleinen Kochtopf aus dem Rucksack. Meinen auseinandergeklappten Kochaufsatz schraube ich auf eine Gaskartusche und setze den mit Wasser gefüllten Kochtopf drauf. Dem nach zwei Minuten aufbrodelnden Wasser entweicht im Nu ein hin- und herwehender Dampf. Ich nehme den Kochtopf an seiner Halterung und schütte das brodelnde Wasser in die auf dem Boden stehende gelbe Tüte bis zur innen markierten Fülllinie. Huhn mit gebratenem Reis. Nach fünf Minuten nehme ich die Tüte samt Topf und Kocher und gehe zu Hauke, der am Fluss sitzt.

Nach dem Mittagessen geht es auf dem staubigen Feldweg weiter. Alle paar Hundert Meter überqueren wir die Nebenarme des *Elk River.* Mal über Stock und Stein, mal barfuß mitten durchs Flussbett. Im Gleichschritt marschieren wir nebeneinander. Das Stechen der Trekkingstöcke in den steinigen Untergrund hat ebenfalls einen gleichmäßigen Rhythmus. Die brennende Mittagssonne trägt ihren Teil dazu bei: eine Schweißperle nach der anderen läuft die Stirn hinunter, in den Nacken und in die Augenhöhlen. Mein im Fluss

getränktes Halstuch spendet eine erfrischende Abkühlung.
Wir reden kein Wort. Nur das Knirschen der Schritte und der Trekkingstöcke ertönt. Stunden vergehen. Keine Pause. Nur der eine Gedanke zählt: So weit vorankommen, wie es nur geht.

DIE NACKTE WAHRHEIT
Riverside Campground, abends

Als ich vom Fluss, dem *Elk River*, zurückkehre, erblicke ich den Wohnwagen, auf dem in fetten gedruckten Buchstaben *Wilderness* steht. Unser einziger Nachbar hat sich hinter seinem rollenden Schlafmobil Blumenkästen mit blühenden Blumen hingestellt. Er scheint ein Aussteiger zu sein und verbringt sicher nicht die erste Nacht am *Riverside*.
Die Melodie, die unser Nachbar mit seinen gespitzten Lippen pfeift, während er mit seinen Schlappen zum Feldweg trottet, ist die erste Musik, die ich seit fast einer Woche höre. Immer wieder erhasche ich das leiser werdende Klangmuster, auch wenn er sich weiter entfernt. Mir sticht sofort sein Bärenspray ins Auge, das in einem schwarzen Halfter an seinem Gurt baumelt. Vierzig Meter entfernt er sich von seinem Caravan und hat es dabei – griffbereit. Sein Bart ist in alle Richtungen gewachsen und seine halb unter seinem Gesäß hängende

graue Stoffhose ist an einigen Stellen zerrissen. Das Shirt schwingt über seinem markanten Bauch hin und her. Zudem trägt unser Mann von nebenan ein sperriges Objekt. Sein Hund rennt voraus.

Hauke dreht sich zu mir um. »Hat nichts mit dir zu tun, dass ich dir den Rücken kehre.«

»Du genießt die Rückenlehne.«

»Ich habe noch nie so sehr eine Rückenlehne genossen.«

»Wir haben einen geilen Tisch, eine Bank und sind vor allen Dingen endlich im Zeitplan.«

»Ja … nach sieben Tagen«, schmunzelt mein Tourkumpel, »aber wir haben es geschafft. Besonders die letzten drei Stunden haben wir einen Zahn zugelegt.«

»Endlich mal ein paar Stunden keine Steigung.«

Wir betrachten weiter die einzige andere Person, die es sich auf einem ausgeklappten Campingstuhl direkt am Feldweg gemütlich gemacht hat. Das über die Stuhllehne gehängte Bärenspray schwingt langsam hin und her.

»Was hältst davon, den Typen zu fragen, ob wir unseren Proviant diese Nacht bei ihm im Jeep verstauen können?«

»Gute Idee. Hoffentlich ist das okay für ihn.« Mein Blick geht wieder rüber zu dem Aussteiger.

»Ist bestimmt interessant, die Falken mit dem Fernglas zu beobachten …«

»Ich sehe keine.«

»Na da oben.«

Hauke zeigt in die Himmelsrichtung zum längs geschwungenen Bergkamm, in die auch unser Nachbar mit seinem Fernglas schielt. Es ist der Bergkamm, der von den letzten Sonnenstrahlen an seinem schroffen, scharf-kantigen Sattel hell erleuchtet ist.

Wie fokussieren uns die Falken, tausend Meter über unseren Köpfen? Tun sie es oder sind wir Punkte wie jeder andere in diesem Kolosseum der Wildheit? Ihre ausgebreiten Flügel zeigen ihr pechschwarzes Gefieder. Mit dem Wind gleiten sie umher.

Der Golden Retriever streunt von einem Gestrüpp zum nächsten, entfernt sich jedoch nicht außer Sichtweite. Als unser Nachbar, der der Bruder von Bud Spencer sein könnte, mit den Händen in den Hosentaschen zu-rück zu seinem Caravan geht, kommt der Golden Re-triever erneut zu uns. Er schaut mir tief in die Augen. Eines seiner Augen ist schneeweiß mit einer Pupille wie eine pechschwarze Träne. Es macht auf mich einen son-derbaren Eindruck, fast gespenstisch. Er schnüffelt an Haukes Wanderschuhen, während er eine Streicheleinheit erhält. »Du hast einen wunderschönen Hund.«

»Danke. Und Jungs, was macht ihr hier? Wandern?«

»Sind seit einer Woche unterwegs. Kommen vom Crownsnest-Pass vom Süden. Wie heißt du?« Ich sehe ihn fragend an.

»Ryan. Und ihr?«

»Dominik.«

»Ich bin Hauke.«

»Ich kenne diese Namen nicht. Hawk.«

»Nee, Hauke. Da bist du nicht der Erste. Mein Name ist hier nicht so gängig.«

»Hawk klingt aber auch sehr gut.«

»Na ja.«

»Warum sind bei der Aufhängung da oben am Baum die Seile zerschnitten?«, frage ich das Bud Spencer-Double.

»Das ist nicht dafür gedacht, um Proviant aufzuhängen. Da hängen Jäger ihr erlegtes Wild auf. Ihre Seile haben sie hängen lassen.« Ryan schaut an den vor uns stehenden Nadelbäumen hoch und berührt an einigen Stellen die Baumrinde. Er zieht genüsslich an seiner aufglühenden Zigarette und lässt den Rauch tief in seine Lunge strömen. »Seht ihr die ganzen Ritze in den Bäumen?«

»Diese Risse? Haben wir die letzten Tage schon häufig gesehen. Die sind hier an einigen Bäumen …«

»Die sind von Grizzlys. Da. So hoch kommen sie. Die höchsten Tatzen-Kerben sind bei dem Baum hier an die vier Meter.«

»Vier Meter …«

»Passt. Da wissen wir ja jetzt genau, wie hoch wir am besten unseren Proviant hängen.«

»Früher haben die Wanderer hier oben an den Ästen ihren Proviant aufgehängt. Doch die meisten Äste sind morsch.«

»Eine Frage. Ich habe gelesen, dass Schwarzbären eher Menschen meiden als Grizzlys. Es stand da auch, dass Grizzlys mehr Selbstbewusstsein haben als Schwarzbären. Wie siehst du das?«

»Schwarzbären kämpfen bis zum Tod. Die meisten sagen, dass sie deutlich scheuer sind als Grizzlys. Doch das ist nicht wahr. Schwarzbären sind nur viel angepasster, was Menschen angeht. Das macht sie nicht ungefährlicher. Es gibt viele Theorien. Die Menschen reden viel, wenn der Tag lang ist.«

»Für uns ist das alles neu hier mit den Bären. Wir kommen aus Europa, Deutschland. Da gibt es keine Bären mehr. Sie wurden ausgerottet. Die Zivilisation hat die Oberhand gewonnen.«

»Bären brauchen Platz, sie sind auf die Wildnis angewiesen. Die Bären sind in diesem Tal, wo wir uns befinden, glücklich. Es gibt hier genug zu fressen. Genügend Blaubeeren, Brombeeren und Gräser. Und wisst ihr, hier sind einfach weniger Menschen als in den Nationalparks.«

»Das heißt, in den Nationalparks sind die Bären nicht so glücklich?«

»Du hast es. Genau. Die Leute haben dort viel mehr Probleme mit den Bären, weil die Menschen einfach zu zahlreich die Parks besuchen. Hier ist fast niemand.«

»Das kann ich bestätigen. Es ist echt einsam hier«. Ich schaue Ryan an. »Wir sind seit sieben Tagen unterwegs und ich habe irgendwie so ein anderes Zeitgefühl. Das passt mit unserer Begegnung zusammen. Das waren drei Cowboys, die mit ihren Pferden und einem Hund unterwegs waren. Wie aus einer anderen Zeit.«

»Je mehr von uns hier sind, desto weniger bleibt den Bären. Doch den Menschen ist das egal. Sie scheren sich einen Dreck um sie. Wir sollten dankbar sein, dass die Bären uns gestatten, hier in der Wildnis zu sein. Das hier ist ihr Zuhause.«

»Und? Hast du die letzten Tage einen Bären gesehen?«

»Gestern.«

»Was? Wow. Was für einen denn?«

»Nicht weit von hier. Ich habe was am Boden liegen sehen, einen riesigen Haufen. Als ich recht nahe war, hat er sich bewegt. Es war ein Grizzly, der geschlafen hat. Hab ihn geweckt. Mit völlig verschlafenen Augen hat er mich angeguckt. War genauso baff wie ich.«

»Aber ist alles gut gegangen?«

»Ich stehe hier ja noch«, sagt Ryan mit einem leichten Lächeln. »Er hat mich verschont. Aber ich sag euch, meine Hose war voll.«

»Heftig. Warst du nah dran?«

»Wenige Meter. Zu nahe … Es war mein Fehler. Ich habe keine Geräusche gemacht. Normalerweise pfeife ich mein Lied. Gestern nicht. War dumm von mir.«

»Wie viele Bären hast du denn schon gesehen?«

»Du meinst in meinem ganzen Leben?« Er blickt mich an. «Sehr viele. Kann es nicht mehr zählen.«

»Was kann man denn in so einer Situation tun? Wir haben auch schon mal von Bärenglocken gehört.«

»Bärenglocken? Hör' auf. Die laden zum Tod ein.«

»Wie meinst du das?«

»Soll ich euch das mal erzählen? Vor ein paar Jahren waren zwei Mädchen wandern in den Bergen. Sie hatten Bärenglocken dabei, in der Hoffnung, die Tiere damit zu verscheuchen, so wie man es ihnen gesagt hat. Doch das Gegenteil passierte. Ein Grizzly hat sie aufgespürt. Die Mädchen sind getrennt voneinander weggerannt. Wochen später fanden Jäger Menschenknochen im Grizzly-Kot. Parks Canada hat Ranger geschickt und den Grizzly erschossen. Ein Problembär, wie sie es nennen.«

»Waren beide Mädels tot?«

»Eins von beiden hat es mit einem Schock überlebt.«

»Eins verstehe ich nicht, Ryan. Warum verkaufen dann Outdoorläden Bärenglocken? Habe ich selber schon gesehen.«

»Kann ich auch nicht verstehen, mein Freund. Und das Schlimmste ist, dass die Bären als Bestien dargestellt werden. Doch der Mensch ist in Wahrheit die Bestie.«

»Machst du eigentlich Urlaub hier?«

»Ich lebe schon seit vielen Jahren immer den ganzen Sommer hier in den Rockies. Im Winter arbeite ich und dann kehre ich der Zivilisation wieder den Rücken. Hier ist das Leben einfacher.«

»Beneidenswert.«

»Was kann mir Besseres passieren? Hier ist die Luft gut, hier sind die Bären, die ich liebe. Und mein Hund findet es hier auch nicht schlecht. Was, mein Alter?« Ryan streichelt seinem Golden Retriever über den Kopf, während dieser sich vor ihm verneigt. »Soll ich euch noch eine Geschichte erzählen, die leider wahr ist? Ist ein paar Jahre her. War groß in der Presse, wisst ihr. Es war eine japanische Familie, die aus ihrem Auto einen Grizzly am Wegesrand fotografiert hat. Anstatt Respekt zu zeigen, haben sie den Bären gerufen und fanden ihn süß. Sie haben ihm zu fressen hingeworfen. So kam er natürlich immer näher. Er gewöhnte sich langsam an die japanische Familie, die bereits neben ihrem Auto am Wegesrand stand. Der Grizzly kam so nah, dass der Familienvater seine Kinder mit ihm spielen ließ. Sie haben dem Bär Erdnussbutter gegeben. Fanden die Idee süß, ihrem Kind die Erdnussbutter ins Gesicht zu schmieren und der liebe Bär sollte das dann abschlecken. Glaubt es mir oder nicht. Es ist genauso passiert. Hier in den Rockies.«

»Völlig verrückt«, sage ich fassungslos.

»Und während die Eltern diese Szene weiter fotografierten, hat das Kind eine falsche Bewegung gemacht. Die letzte. Der Grizzly hat ihm in den Nacken gebissen. Das Kind war sofort tot.«

»Oh mein Gott. Das ist unglaublich. Wie kann man sich so verhalten …«

«In den Knast gehören die. Und wer wird wieder als das unberechenbare schreckliche Ungetüm dargestellt?«

»Der Bär.«

»Richtig. Er wird zum Sündenbock erklärt. Doch der Bär hat keine Schuld. Was ist das für eine Welt, in der wir leben …«

Ryans gesenkter Kopf zum Waldboden lässt mich innehalten.

Unsere ernsten Blicke kreuzen sich und ich frage: »Was können wir denn am besten tun, wenn wir eine Bärenbegegnung haben?«

»Wenn ihr einem Bären begegnet, dann gebt ihm zu verstehen, dass ihr Menschen seid. Unterhaltet euch, singt. Sie mögen sowieso nicht den Geruch von Menschen.«

Dieser Satz klingt weiter in meinem Bewusstsein, auch während Ryan in leicht gehockter Pose rückwärts schleicht. Er schwingt sanft seine offenen Hände auf und ab, die Handflächen zum Boden zeigend. »Es ist okay, Bär. Alles ist gut. Ich bin ein Mensch und gehe jetzt … Und so bewegt ihr euch langsam und redet auf den Bären ein.«

»Und ich habe gelesen, man soll ihm nicht direkt in die Augen gucken.«

»Du guckst ihm automatisch in die Augen. Versuch das zu unterdrücken. Wichtig ist, dass du ihn nicht anstarrst und auf gar keinen Fall wegrennst. Dann fühlt er sich nämlich angegriffen und das könnte dann der letzte Moment eures Lebens sein. Sie sind sowieso hundertmal schnell als wir Menschen.«

»Es kostet sicher in so einem Moment viel Selbstbeherrschung und Selbstsicherheit.«

»Da rutscht einem das Herz in die Hose. Kann mir keiner erzählen, dass er in so einem Moment relaxt ist. Nur ein Vollidiot würde so was behaupten. Es ist wichtig, Respekt vor ihnen zu haben. Das hält uns am Leben.«

»Das ist eine gute Einstellung. Sind heftige Geschichten, die du da erzählst. Was hier in den Rockies schon so alles passiert ist …«, stelle ich fest.

»Bären interessieren sich auch für Hygieneartikel wie Zahnpasta, Schminke oder Creme. Riechen und fressen sie alles sehr gerne. Die kommen auch ins Zelt und lecken einem das aus dem Gesicht, häufig die Schminke von Mädchen. Kein Witz. Ist alles schon mal passiert.«

»Das habe ich auch in einem Buch gelesen. Nun ja, es ist schon was anderes, jetzt auch wirklich hier zu sein.«

»Ja, dieses Wildtier ist schon ziemlich gefährlich. Praktisch alles, was wir können, kann der Bär besser: rennen, riechen, klettern.« Mit einem Lächeln und einem tiefen Blick fügt er hinzu. »Aber ganz cool, Jungs. Ich habe unzählige Bärenbegegnungen hier in den Rockies gehabt. Und da waren zum Teil auch sehr nahe Begegnungen dabei. Seht mich an, ich bin noch in einem Stück.«

»Oh, fällt mir gerade ein: Wir müssen noch unser Essen aufhängen. Das ist immer sehr aufwendig«, stellt Hauke fest und guckt Ryan mit einem erwartungsvollen Blick an.

»Kein Problem, Jungs. Ich lasse die Tür von meinem Jeep auf. Stellt euren Proviant einfach da rein.«

»Danke. Wir stehen morgen aber früh auf.«

»Seid dann ruhig und weckt mich nicht. Sonst werde ich unangenehm.«

Wir nicken und unser Teilzeitaussteiger trottet zu seinem Caravan und verschwindet darin. Sein Hund mit dem markanten weißen Augapfel folgt ihm.

»Krasser Typ«, sage ich.

»Ja, und das Allerbeste ist, dass ich jetzt auch nicht mehr das Seil rausholen muss und wir einfach unser Zeug bei ihm reinstellen können.«

»Danke, dass du ihn drauf angesprochen hast. Habe ich völlig vergessen zu fragen. Gut, dass wir unseren Kram bei ihm reinstellen dürfen. Das haben wir uns nach dem Tagesmarsch verdient.«

Wir ordnen die Ausrüstung, die wir auf den beiden Bänken und dem Holztisch ausgebreitet haben, als ob wir unser Revier markieren. Alles Essbare kommt zurück in den Bärenkanister. Inzwischen ist deutlich mehr Platz in dem aus Karbon bestehenden Behältnis. Ich zähle noch etwa zwei Tage Proviant plus Notrationen.

Wir separieren unsere Ausrüstung für das Camp auf einen Haufen.

»Wir könnten es wieder so machen: Du baust unsere Zelte auf und ich mach den Abwasch.«

»Super. Genauso mag ich es.«

Prompt nehme ich unsere Camp-Ausrüstung und begebe mich in den dichten Wald am *Riverside*. Die Bäume stehen hier eng beisammen, an einigen Stellen nur einen halben Meter voneinander entfernt. Der Waldboden ist übersät mit Tausenden von Nadeln und vom Schatten der großen Bäume verdunkelt. Etwa zweihundert Meter gehe ich über den geschützten Untergrund und finde am Waldrand eine geeignete Stelle. Ich beginne mit dem Aufbauen.

Hauke, der währenddessen bereits am Fluss unser Besteck und unseren Müll abgewaschen hat, ist schon wieder beim Holztisch.

»Es fängt an zu dämmern«, stelle ich fest, als ich vom Zeltaufbau zurückkehre.

»Ja, lass uns noch rasch das Essen und Gepäck in den Jeep stellen.«

»Supernett von Ryan.«

Wir nehmen unsere restliche Ausrüstung samt der Bärenkanister und bringen sie zu Ryans Jeep.

»Das war's.«

»Ja, so einfach kann man seinen Proviant sicher verstauen.«

»Hoffentlich haben wir das die nächsten Tage in den Nationalparks auch so einfach«, überlege ich.

»Definitiv werden wir das alles so jeden Tag verstauen können. Wir haben dafür bezahlt. Außerdem steht das auch auf der offiziellen Liste der Campgrounds von der Great-Divide-Trail-Association.«

»Stimmt. Ist irgendwie Luxus, einfach nur eine Tür zuzumachen.«

Im Zelt denke ich an unseren einzigen Nachbarn, an die Bären, an die Wildnis, an die Freiheit und das Glück, dass wir hier sein können.

Als sich die Dunkelheit über den *Riverside* legt, ist nur noch ein kleines Licht aus Haukes Zelt zu erkennen. Sein weißes kleines Kuppelzelt leuchtet in einem hellen Rot zwischen den von der Dämmerung verdunkelten Tannenästen.

»Liest du noch?«

»Wenn ich nicht andauernd unterbrochen werde«, lacht es aus meinem Nachbarzelt.

»Sehr witzig, der Herr. Dann schlaf' mal gut.«

»Du auch. Morgen haben wir es nach Kananaskis geschafft.«

»Bären mögen den Geruch von Menschen sowieso nicht«, murmle ich vor mir hin.

»Was meinst du?«

»Den Satz, den Ryan vorhin gesagt hat …«

»Was ist damit?«

»Mir gefällt dieser Satz.«

WEGGEFÄHRTEN

Elk River Route über den Elk Pass, 20. August, morgens

Der Morgentau überzieht den Feldweg und die umliegende dicht bewaldete Gegend mit einer bitteren Kälte. Die leichten Nebelschwaden lassen die ringsherum emporstehenden fast dreitausend Meter hohen Bergkämme des *Storelk Mountain* und des *Mount Aosta* in erhabener Mystik versinken. Mit Halstuch, Cap, Handschuhen und einer Extraschicht Kleidung am Oberkörper stampfen wir im Halbschlaf weiter nordwärts. Nur das Knirschen der winzigen Steine und die Stechgeräusche unserer Wanderstöcke ertönen im Morgengrauen. Mein Puls ist ruhig und gleichmäßig, mein zusammengezogenes Gemüt leicht zittrig. Alles schläft, außer unseren Körpern, die mit jedem Tritt allmählich wärmer werden.

Plötzlich schwingt unser Blick rechts vom Weg in den Wald hinein. So verwundert wie wir starren uns die vier Augen der beiden länglich geschwungenen braunen felligen Köpfe entgegen. Ihre mächtigen Ohren sind gespitzt und ebenfalls in unsere Richtung gestreckt. Wir bewegen uns nicht, auch nicht die beiden Wildtiere. Die Zeit scheint still zu stehen, während wir uns weiter anstarren. Anscheinend Liebe auf den ersten Blick. Eins ist riesig, das andere scheint das Junge zu sein. Wir starren uns gegenseitig an, als ob wir uns sagen wollten, dass es schade sei, dass wir nicht die gleiche Sprache sprechen. Wir hätten uns sicher einiges zu erzählen.

»Schöne Elche sind das.«

»Ja, das Kleine ist sicher erst ein paar Monate alt.«

Ich ziehe meine Kamera aus der Wanderhose und versuche, mit meinen kalten Fingern ein Foto zu machen.

»Ich glaube, mit deiner Kamera sind die Bilder deutlich besser. Meine Zoom-Funktion scheint nicht so gut zu sein.«

Hauke macht mit seiner Spiegelreflexkamera zwei Fotos. Die Elchkuh und ihr Junges starren uns weiter an und bewegen sich keinen Zentimeter, als ob sie ein Gemälde darstellen würden.

Ich lächle bei diesem Anblick. »Die beiden lassen sich echt nicht aus der Ruhe bringen.«

Auch als wir weitergehen und zurückschauen, halten die beiden Vierbeiner ihre Stellung und beobachten uns beharrlich.

»Na ja, nicht umsonst heißt das hier Elch-Fluss«, stelle ich fest.

»Ja. Und wir gehen auch zum Elch-Pass. Doch der ist nicht besonders hoch gelegen.«

»Ein Glück.«

Der Feldweg schlängelt sich weiter durch den Wald und wird nach und nach steiler. Ein schweißtreibender Schritt folgt dem nächsten. Wir verstauen unsere zusätzliche Kleidungsschicht im Rucksack. Zu unserer großen Freude kämpft sich die Sonne am Himmel durch die verschleierten Wolkenschwaden und die ersten Strahlen leuchten auf die staubige Vegetation.

Gedanken schlagen blitzartig in mein Bewusstsein. Der Vorabend mit Ryan lässt mich nicht los. Seine Worte, seine wahren Geschichten, die Art, wie er lebt. Besonders der Respekt gegenüber der Natur, die er an den Tag legt.

Vor uns stellt sich auf einmal eine Art Holzmonument in den Weg. Ein Willkommenstor. Es ist der *Elk Pass*. Je näher wir kommen, desto mehr erkennen wir geschnitzte Kunst im Holz: einen Skispringer, eine Schneeziege, einen Wanderer, einen Weißkopfseeadler, Nadelbäume, einen breiten Fluss und Bergbauarbeiter samt Bergbaumaschinen.

Hinter dem Holztor wartet eine Bank auf uns. Pause. Riegelverkostung und kühles Flusswasser aus unseren Flaschen.

Wir bekommen Besuch. Sofort drehe ich mit meiner Kamera ein Video. Ein kleiner felliger Kumpan, der mich an den Film *Iceage* erinnert, hoppelt in Richtung der Bank. Das Eichhörnchen nähert sich uns auf etwa drei Meter und nagt auf etwas herum. Es prüft den Boden nach Essbarem, findet etwas und kaut weiter drauf herum.

»Es wird dunkel da vorne.« Hauke zeigt zum Himmel.
»Vielleicht ist es gar nicht so schlecht, wenn wir früher
ankommen, falls es noch regnet.«

Ein bestätigendes »Ja« kommt über meine Lippen. Meine Gedanken sind bei fettigem kalorienreichen Essen.
»Wie weit ist es noch bis Kananaskis Lakes?«

»Nicht mehr wirklich weit. Wir kommen gut voran.
Bald erreichen wir sogar eine Teerstraße.«

»Hui. Eine Teerstraße heißt auch Autos. Wenn sich
überhaupt welche bis hierhin verirren.«

»Ich glaube schon, dass hier was los ist. Kananaskis
Lakes ist schon eine Touristenattraktion. Nicht umsonst
gibt es da Campingplätze, auch für Caravans, eine Post-
stelle und so weiter.«

»Kann ich mir irgendwie überhaupt nicht vorstellen.«

Keine drei Stunden später endet der Feldweg und wird
zu einer richtigen asphaltierten Straße. Da ist ein Parkplatz mit bärensicheren Mülleimern und Autos. Was ist
hier los?

Vor uns steht eine Infotafel mit zahlreichen Warnhin-
weisen, Verhaltensregeln bei Waldbränden und bei
Kontakt mit Wildtieren sowie ein Ausschnitt einer
Landkarte.

Nur Hauke blickt auf den abgedruckten Text und stellt
murmelnd fest: »Na ja, da steht jedenfalls nichts, was
wir nicht sowieso schon wissen.«

DIE UHR TICKT

Am Lower Kananaskis Lake, Peter Lougheed Provincial Park, mittags

»Soll das eine Verarschung sein?«

»Du meinst vorbeugend, dass die Leute erst gar nicht die Möglichkeit haben, Mist zu bauen?«

»Ja, genau. Ich meine, das können die Ranger hier doch überall aufstellen, oder?« Ich zucke die Schultern.

»Vielleicht ist hier vor ein paar Tagen wirklich was Brenzliges passiert …«

Auch die nächste Weggabelung lässt mich grübeln. Gezwungen, weiter am Straßenrand zu gehen, nähert sich uns von hinten ein brummendes Geräusch. Der Autofahrer starrt herüber. Sind Hauke und ich Teil einer Attraktion von *Kananaskis Country* geworden? Fehlt nur noch, dass ein Insasse ein Foto von uns macht und sich dann entspannt und erfreut wieder in seinem Ledersitz zurücklehnt.

Hauke schaut auf seine Armbanduhr. »Viel Zeit bleibt uns nicht. Die machen bald zu und dann ist der Zeitplan schon wieder dahin.«

»Lass uns vorher noch schnell zum Boulton-Creek-Campground und dann fahren wir weiter per Anhalter. Der Zeltplatz ist doch hier gleich.«

»Na gut.«

An der nächsten Abzweigung von der Sightseeingstraße, auf der wir zur Hauptattraktion der wenigen Autofahrer mutiert sind, bleiben wir stehen. Hier wäre auch eine Abkürzung zu unserem heutigen Zeltplatz. Das gelbe, mit fetter, schwarzer Schrift versehene Schild steht jedoch wieder da. Hauke liest den Text auf dem darüber hängenden rotumrandeten Schild der kanadischen Regierung.

Ich schaue mich um, blicke ins Dickicht, sehe direkt hinter uns zum Straßengraben und wende mich zu ihm.

»Wie lange ist das her?«

»Dreizehn Tage. Ich frage mich, warum Parks Canada das hier einfach so lässt.«

»Hier sind bestimmt viele Tagesbesucher. Fehlt nur noch ein Schild, auf dem steht: *Eintritt nur für Touristen mit Kamera. Haben Sie einen schönen Tag. Viel Glück beim Überlebenskampf.*«

Wir lachen beide aus vollem Halse, verlassen das neonfarbene Absperrband und das Warnschild mit der Aufschrift: *Achtung. Kein Zutritt – Bereich geschlossen wegen Bärenaktivität.*

»Zur Hölle ... Sehen wir mittlerweile aus wie Landstreicher oder warum nehmen die uns nicht mit?«

»Vielleicht hätten wir die prall gefüllten Rucksäcke nicht beim Campground lassen sollen. Ohne großen Rucksack auf dem Rücken gelten wir für die vielleicht nicht als arme Wanderer«, mutmaßt mein Wanderkumpel.

Ein knatternd-knallendes Motorengeräusch dröhnt durch den dichten Wald, dicht gefolgt von weiterem ohrenbetäubenden Krach. Tiefergelegte Rennwagen in schillerndem Lack überholen uns in Kolonne mit beschleunigendem Rauschen. Wir stellen uns, soweit es geht, von der Fahrbahn weg.

»Und die nächsten Vollidioten«, schüttle ich den Kopf. Bei den nächsten vorbeifahrenden Autos scheint uns nun endgültig das Glück verlassen zu haben.

»Wenn wir da komplett zu Fuß hingehen müssen, dann schaffen wir es nicht. Die schließen gleich. Warum muss das Touristencenter so weit weg vom Trail sein?«

PLAN IN GEFAHR

Peter Lougheed Visitor Center, nachmittags

Das Knallen der beiden Autotüren auf dem Parkplatz ist unser Startschuss wie zu einem Hundertmeterlauf. Im Schnellschritt gelangen wir zum Haupteingang des Gebäudes in der Architektur einer riesigen Blockhütte. Die beiden Schwenktüren mit senkrechten Holzstäben in einer Glasscheibe lassen sich schwer öffnen. Ein halbes Dutzend Touristen bestaunen auf TV-Geräten Informationen über die Nationalparks und die an den Seiten stehenden ausgestopften Wildtiere.

Am Informationsschalter steht eine junge Frau und unterhält sich mit Touristen. Sie trägt ein olivgrünes Hemd mit einem Alberta-Parks-Aufnäher mit gesticktem Sonnenuntergang. Hinter dem Tresen in einem hell erleuchteten Raum räumt ein zweiter Ranger Dinge von

A nach B. Kartenmaterial zahlreicher Wanderrouten liegt auf der Theke des Visitor-Centers bereit.

Beim Warten in der Schlange fällt mir ein kleiner Stapel Informationshefte auf. *Achtung Bärenglocken* steht auf dem Cover. Ich öffne das Informationsblatt und lese die zwischen Fotos von Grizzlys und Schwarzbären stehenden Erläuterungen. Einen Moment halte ich inne. Ryan. Seine Geschichte mit den beiden Mädels lässt mir einen eiskalten Schauer über den Rücken laufen. Wie bestialisch eins der Mädchen gestorben sein muss.

Die Wände sind mit plakatgroßen Landkarten der Region versehen. Ein Bild in bester Qualität folgt dem nächsten mit Wildtieren in Nahaufnahme: Schneeziegen, Grizzlys, Pumas und Elche.

Ich gehe zurück zu Hauke und ehe wir uns versehen, haben die Touristen vor uns ihre Anliegen geklärt.

»Wie kann ich euch helfen?«

»Von Vancouver habe ich Pakete hierhin geschickt. *GDT-Wanderer* steht drauf.« Hauke schaut die Rangerin mit einem erwartungsvollen Blick an.

»Oh. Ich kann mich nicht entsinnen, hinten Pakete der Post gesehen zu haben«

Aus dem Hinterzimmer ertönt ein Schieben und Poltern. Ihr Kollege räumt Dinge herum.

»Moment. Ich check das mal.«

Sie verschwindet nebenan. Ein dumpfes Raunen ertönt. Mir hämmert die Pumpe in der Brust.

»Oh mein Gott.« Hauke haut mir auf die Schulter und wendet sich ab.

Die Rangerin trägt mit strahlendem Gesicht in übertriebener Weise drei scheinbar tonnenschwere weiße Pappkartons rüber. Sie hievt mit einem Stöhnen alle drei auf den Tresen und erwidert unser Lachen.

»Ihr gehört also zur Spezies der Langstreckenwanderer. Das sind sicher eure Proviantpakete?« Wir nicken und sie fährt fort: »Das ist hier Gang und Gäbe mit den Paketen für die Wanderer. Habt ihr von der aktuellen Lage der Waldbrände gehört?«

Wir bringen ein knappes »Nein« hervor und starren die Frau in Grün an. Es gibt Dinge, auf die hat man keinen Einfluss. Ist nun der Moment gekommen, der einen Schatten über das Vorhaben wirft? Im Frühjahr habe ich auf der Internetplattform Twitter die Fotos der Löschhelikopter gesehen.

»Einige Campgrounds sind gesperrt wegen des sogenannten Verdant-Creek-Feuers. Wir gucken uns mal an, inwieweit euer Great Divide Trail von den Waldbränden betroffen ist.« Sie tippt in die vor sich stehende Tastatur und dreht den Bildschirm zu uns.

Das mir vertraute Design der *Great-Divide-Trail-Association*-Webseite leuchtet mir entgegen.

Nach ein paar Klicks deutet sie auf ein paar Zeilen. Wir fangen an zu lesen.

Eine halbe Stunde später lese ich alleine die englischen Beschriftungen der zahlreichen Verpackungen des Proviants in allen erdenklichen Farben und hole tief Luft. Vielleicht ist es besser, nicht gleich zu wissen, was sich in den Plastikverpackungen verbirgt. Auf dem Teppich werfe ich den Proviant auf drei verschiedene Haufen. Müsli für das Frühstück, Instant-Plastikpackungen für ein warmes Mittagessen, Riegel und Nüsse als Zwischenmahlzeit. Wie soll das alles in unsere Bärenboxen passen?

Und weiter geht es mit den Überraschungspaketen. Ich befreie die Riegel von der Pappverpackung. Der neben mir stehende Mülleimer ist inzwischen bis oben hin gefüllt.

Eine Frau, die vermutlich auf jemanden wartet, hat es sich auf dem zwei Meter von mir entfernten Sessel gemütlich gemacht. Ist sie die Mutter von jemandem hier? Warum hat sie sonst so viele Tupperboxen mit Kuchen und Wassermelonenstücken bei sich? Hat sie zweifellos auf ihrer letzten Tupperparty erstanden. Ich denke beim Anblick der Kuchenstücke an meine eigene Mutter. Sie backt häufig Kuchen, wenn ich bei meinen Eltern in Ahrensburg zu Besuch bin. Sie hat, glaube ich, ein Backsyndrom.

Plötzlich schaut mich die Frau mit einem gutmütigen Blick an und fängt an zu lächeln, während sich ihre Lippen bewegen. »Habe ich selber gebacken.« Sie hat anscheinend auch ein Backsyndrom. »Und du warst mit deinem Kumpel in den Bergen?«

»Ja ... Ich bin mit meinem Tourpartner, also ... seit acht Tagen unterwegs auf dem Great Divide Trail.«

»Und jetzt packst du euren weiteren Proviant?«

»Köstliche Trockennahrung.«

Sie greift in die Tupperbox, holt ein Stück Kuchen heraus und hält es mir mit einem Lächeln hin.

»Danke, Madam.«

Ein leises sabschiges Geräusch ertönt beim ersten Biss in den Kuchen. In meinem Mund entzündet sich eine Explosion aus Schokoladenstückchen, Haselnüssen und Vanillezucker. Ein Hoch auf das Backsyndrom!

Meine Geschmacksknospen feiern noch immer eine Party, als Hauke kommt.

»Ah, du, ich werde mal versuchen zu telefonieren. Diese Frau da drüben hat mir übrigens gerade einen Kuchen geschenkt. Dir gibt sie auch gerne ein Stück, hat sie eben gerade gesagt.«

Ich verlasse meinen strahlenden Tourpartner und begebe mich zum Eingangsbereich. Die halbe Telefonzelle, die an der Wand hängt, frisst meine paar Dollarmünzen, aber das winzige Display reagiert nicht. Warum will sich diese Wand nicht mit mir unterhalten? Wegen meines Geruchs? Mit einem tiefen Atemzug stecke ich meine Kreditkarte in den Schlitz der Telefonanlage. Es fängt an zu piepen. Nach drei missglückten Versuchen, die Telefonnummer mit der korrekten Inlandsvorwahl zu wählen, ertönt plötzlich ein Freizeichen.

»Parks Canada Banff. Schönen guten Tag.«

»Hallo?«

»Ja. Was kann ich für Sie tun?«

»Mein Name ist Dominik.«

»Schön.«

»Also ... ich bin Wanderer und wegen der Verdant-Creek-Waldbrände muss ich die geplante Wanderstrecke umplanen, um den Waldbrand zu umgehen.«

»Momentan ist alles ausgebucht.«

Im Hintergrund sehe ich die Rangerin alleine hinter dem Pult stehen, während ich in Zeitlupe den Hörer zurück auf die Halterung hänge. Ich gehe zu ihr.

»Und? Hat es geklappt?«

»Leider nicht.« Ich ziehe aus der Tasche meiner Wanderhose die Landkarte, breite sie auf dem Tresen aus und zeige auf zwei Zeltsymbole.

»Das ist, wie gesagt, bereits der Banff Nationalpark. Da ist das Büro von Parks Canada in Banff für zuständig.«

»Die können mir da auch nicht weiterhelfen.«

Sie verzieht ihren Mundwinkel und tippt auf ihrer Tastatur herum. »Hier. Das sind die Informationen, die du brauchst.«

Nach kurzer Erklärung wird mir warm ums Herz und eine Last fällt von meinen Schultern. »Vielen Dank. Genau die Auskunft habe ich gebraucht.«

»Gerne. Ihr seid Deutsche, oder?« Plötzlich erklingen gebrochene lang gezogene deutsche Worte von ihr: »Meine Eltern kommen aus Deutschland.«

»Cool.«

»Aus Ahrensburg.«

Von dem einen auf den anderen Moment scheint der Film, der sich vor meinen Augen abspielt, zu stoppen.

»Aus Ahrensburg?«

»Ja.« Sie wendet sich lächelnd und schwungvoll dem Bildschirm des Computers zu und hämmert ein Wort in die Tasten.

Ihr bestätigender Blick und der zu mir gedrehte Bildschirm lassen mich verstummen. Die grünlich schraffierte Google-Landkarte mit einem kleinen oben links auf der Internetseite abgebildeten Foto vom weißen Ahrensburger Schloss leuchtet mir entgegen. Bin ich im falschen Film?

»Ich bin in Ahrensburg aufgewachsen, ganz in der Nähe von diesem Schloss.«

»Echt?« Sie kommt hinter ihrem Tresen hervor und gibt mir mit einem Strahlen im Gesicht die Hand.

»Was machst du hier in Kanada?«

»Leben. Meine Eltern sind ein paar Jahre vor meiner Geburt aus Ahrensburg ausgewandert und wohnen in Edmonton. Das ist über vierhundert Kilometer von hier entfernt. Diesen Sommer arbeite ich für Parks Canada hier in den Rockies.«

»Beneidenswert. Ist das jetzt ein Zufall, dass wir uns hier treffen?«

Obwohl die Stadt unserer Familien über siebentausend Kilometer entfernt ist, scheint sie näher zu sein als jemals zuvor. Das verblüffte Lächeln der vor mir stehenden Rangerin Kayleen hält weiter an. Mir ist danach, sie zu küssen und in den Arm zu nehmen. Meine Heimat steht vor mir, die ich vor neun Tagen verlassen habe.

Wir tauschen unsere Adressen aus. Ich muss schnell zu Hauke, der weiter den Alternativplan organisiert, und ihm erzählen, was für gute Neuigkeiten es gibt.

»Sind die Informationen auch wirklich richtig?«

»Kayleen hat vorhin recherchiert, auf den Kootenay-National-Park-Internetseiten. Dort, wo es langgeht zurück zum Great Divide Trail, sind sogenannte Bedarfszeltplätze, wo man mit einem ausgefüllten Zettel bezahlt.«

»Und das kann man nicht reservieren?«

»Wer zuerst kommt, mahlt zuerst. Hoffentlich ist es dort so einsam wie hier.«

Wir schauen über die Karte auf die Zeltsymbole. Auf dem abgebildeten längsgezogenen Stausee, der am Rande der Bergmassive verläuft, fahren wir mit dem Finger am Ufer entlang und nicken uns zu.

»Okay.«

»Kayleen hat mir übrigens gerade erzählt, dass das Visitor-Center heute ausnahmsweise noch bis achtzehn Uhr aufhat.«

»Hätten wir das mal vorher gewusst … Hier gibt es übrigens kostenloses WLAN.«

Auf dem Parkplatz beim Visitor Center hole ich das in meiner rechten Wanderhosentasche an meinen Oberschenkeln drückende Etwas heraus. Was ist mit dem Display passiert? Die Kratzer auf dem Bildschirm scheinen sich vermehrt zu haben. Mein Vater und zwei meiner Freunde haben mir noch kurz vor der Tour ans Herz gelegt, mir ein neues zuzulegen. Habe ich es nach acht Tagen in den Bergen irgendwie vermisst?

Zum Glück fällt mir mein SIM-Code noch ein. Das leuchtende Wunder der Technik fährt sich in meiner dreckigen Hand hoch. Bekannte Symbole leuchten auf. *Log-in fehlgeschlagen.* Noch mal. Ich tippe erneut meine E-Mail und das Passwort ins Wunder der Neuzeit. Es ist unmöglich, nach fast zwei Wochen das E-Mail-Passwort zu vergessen. Wem würde so was passieren? Anscheinend mag das kanadische Internet auch mein deutsches Passwort nicht. Den englischen Hinweis kapiere ich nicht. Nur eins: *Log-in fehlgeschlagen.* Auf alles ist Verlass. Besonders auf die Technik. Die lässt einen nie im Stich. Ich seufze laut und schaue zum Himmel empor. Noch mal. Erneut erscheinen die Symbole, die das gesamte Display einnehmen. Da ist das grünlich runde Symbol mit dem weißen Telefonhörer, einer der größten Kommunikationsmittel der neuen Welt. Ich drücke auf das Mikrofonsymbol. Aufnahme der Sprachnachricht gestartet.

Nach Absenden der Audionachricht schaue ich zum Himmel ins Meer der endlosen sich bewegenden Wolkengestalten. Wird Daniel die Nachricht erhalten – mein sechs Jahre älterer Bruder, der Polizist in Hamburg ist? In meiner geliebten Heimat. Er wohnt nicht weit von meinen Eltern und bei der nächstbesten Gelegenheit würde er zu ihnen fahren, um die Sprachnachricht zu präsentieren. Hoffentlich erreicht ihn die Nachricht. Bekanntlich ist die Technik manchmal ein Graus. Ganz zu schweigen vom Internet.

»Kayleen, das ist supernett von dir. Du bist die Beste.«

»Ach, gerne. Ich muss eigentlich in die andere Richtung fahren, doch so kann ich mir gleich noch ein Eis beim Boulton-Creek-Campground holen. Das ist hier in den Bergen übrigens das beste Eis, das es gibt.«

Sicher auch die einzige Möglichkeit, hier Eis zu essen, denke ich.

Auch vom Rücksitz, der mit Müll und allen möglichen Dingen geschmückt ist, ertönt eine erleichterte Stimme: »Du hast uns heute echt sehr geholfen. Vielen Dank.«

»Ihr macht mich ganz verlegen. Ich habe morgen frei. Was haltet ihr davon, einen Ausflug zu machen? Ich kann euch ein paar traumhafte Ecken am Lower-Kananaskis-Lake zeigen.«

»Oh, einen Ausflug würden wir gerne mit dir zusammen machen, doch die Campgrounds sind für bestimmte Tage gebucht, weißt du. Daher müssen wir leider weiter«, stellt Hauke klar.

»Schade.«

»Das finde ich auch … Wir sind halt verrückte Wanderer, die in den Wald gehören.«

Kayleen beschleunigt ihr kleines Auto, das weiter auf der einzigen Straße durch den dichten Nadelwald rauscht.

DIE UNENDLICHE LUST, ETWAS ZU BEIßEN
Boulton Creek Campground, am frühen Abend

»Also das, was wir vorhin aus dem Shop gegessen haben, könnte ich jetzt noch mal essen.«

»Ich wäre eher für diese Pizza da.«

»Wie schnell du mich überreden kannst …«

Das Wasser läuft mir im Munde zusammen. In dem winzigen Outdoorladen neben der Pizzaausgabe lacht mir ein Pappbecher entgegen.

»Oha, du hast Kaffee?«

»Da, gönn dir. Was machen unsere Pizzen?«

»Die müssten gleich fertig sein.«

Meine Kamera erfasst die fetttriefende Salamipizza mit unseren strahlenden Gesichtern. Auf vier Papptellern präsentieren sich die acht kross gebackenen Stücke. Wenige Minuten später sind sie verdrückt und das Fett strömt durch meinen Körper. Ein Fest für die Geschmacksnerven.

»Gut, dass wir uns heute nicht mehr groß bewegen.«

»Das war einfach nur lecker«, bestätigt Hauke.

»Komm, lass uns mal zu unseren Zelten. Unsere Klamotten warten auf uns.«

Wir überqueren den großen Müllplatz neben der Rezeption. An den riesigen braunen Müllcontainern sind mit Hinweisen versehene Warnschilder mit dem Farbbild eines grölenden Grizzlys angebracht. Die sperrigen Eisenmonster stehen in einer Reihe auf dem Müllplatz.

Bei den Waschräumen bleibe ich stehen. »Moment. Was … äh …«

Ein Müllcontainer steht auf dem Parkplatz vor den Waschräumen, daneben leere Bierdosen, offene Colaflaschen und zwei an den Container gelehnte Müllsäcke. Im Laufschritt gehe ich auf sie zu und reiße die Eisenklappe auf. Randvoll. »Verstehst du das?«

»Keine Ahnung. Sind die hier von allen guten Geistern verlassen? Die Warnschilder hier drauf sind doch nicht zu übersehen …«

»Das bestätigt jedenfalls, was Ryan gestern gesagt hat.«

»Was soll ich dazu sagen … «, murmle ich. In Sichtweite erscheint langsam der grüne Lebensmittelcontainer, bestehend aus vier aneinandergeschraubten Eisenquadraten. Die obere rechte Klappe steht eine Handlänge weit offen.

»Irgendjemand wollte wohl bei uns etwas reinlegen und hat es sich dann anders überlegt.«

»Derjenige merkt die Einschläge nicht mehr. Wie kann man nur so doof sein? Kommt der aus dem Tal der Ahnungslosen?«

Mit einem Kopfschütteln ziehe ich aus meinem Rucksack unsere randvoll mit Proviant gefüllten Bärenboxen und stelle sie in den Eisencontainer. Mit Schwung werfe ich die Tür mit einem lauten Knall zu, sodass sie einrastet, und schiebe den Eisenstift in den Schließbügel.

»Das war jetzt das dritte Mal. Der offengelassene Müllcontainer von heute Mittag war schon zu viel. Ganz zu schweigen von den Bierdosen gerade. Sind hier nur Vollpfosten?«

»Vielleicht irgendwelche ahnungslosen Hobbycamper. Fahrlässig. So bringen die andere Menschen in Lebensgefahr.«

Solche Situationen passieren jeden Sommer. Zehnmal geht es gut. Beim elften Mal nicht. Die lokalen Zeitungen, das Internet und in den seltensten Fällen das Fernsehen berichten dann von tödlichen Übergriffen oder überraschenden Scheinangriffen. Von Bären, die zu neugierig sind oder – wie in den meisten Fällen – neugierig gemacht wurden. Bärenattacken sind nichts Alltägliches. Sie passieren jedoch immer wieder.

DIE SPRACHE DER TIERE
Boulton Creek Campground, abends

Ein bellendes und heulendes Konzert dröhnt etwa hundert Meter vor uns vom linken Wegesrand. Ein weißer Jeep mit einem grünen Streifen in der Mitte mit dem *Parks-Canada*-Schriftzug steht genau dort am Wegesrand. Die Warnblinker erscheinen im kurzen aufleuchtenden Rhythmus in der schwachen Abendsonne.

Mit jedem Schritt schauen wir links und rechts von uns zur Böschung. Die dicht aneinander stehenden Bäume versperren mit ihren Ästen die Sicht. Links des Weges stehen drei lauthals bellende Hunde mitten in einer kleinen Traube von Campern mit Schlappen an den Füßen. Ein paar Kinder stehen ebenfalls wie versteinert da und schauen zu uns rüber. Ohne zu wissen, was hier los ist, weiß ich intuitiv, was passiert ist. Der Ranger mit seinem grünen Hemd sitzt in seinem blinkenden Jeep und unsere Blicke kreuzen sich.

»Ist alles okay, Mister?«, frage ich.

»Alles gut. Dahinten ist ein Grizzly.«

Der Ranger schaut zu den immer noch bellenden Hunden. Die Camper mit ihren Schlappen an den Füßen schauen unentwegt mit weit aufgerissenen Augen rüber.

»Geht besser zu eurem Camp und seid wachsam.«

Wir gehen weiter zu unserem Zeltplatz.

Ich drehe mich zu Hauke: »Der Grizzly will zu den Hunden. Die sprechen die gleiche Sprache.«

»Die Hunde hören gar nicht auf zu bellen.«

»Mich wundert das alles nicht. Hätten die Camper die Hunde in ihrem Caravan beruhigt, wäre es nicht so weit gekommen.«

Angekommen bei unseren Zelten, fliegt nach und nach ein dreckiges Kleidungsstück nach dem anderen auf die trockene Erde: Socken, Unterhosen, Handtuch, Wanderhose, Halstuch und ein Funktionsshirt. Ein miefiger Geruch steht in der Luft.

Plötzlich ertönt ein Schuss aus der Richtung, in die der Ranger gezeigt hatte.

»Was war das?«

»Hoffentlich war es nur ein Warnschuss von dem Ranger.«

Leicht beklommen gehen wir zu den Waschräumen, ausgestattet mit unserer Schmutzwäsche und dem an der Hüfte drückenden klobigen Bärenspray. Es schwingt im Rhythmus unserer holprigen Schritte.

Meine Gedanken sind bei den zahllosen Übungsgriffen der letzten Tage, um innerhalb von zwei Sekunden das Spray, wie einen Revolver in einem Western, ziehen zu können.

Ein weiterer Ranger mit feuerroten Haaren und einem Fuchsbart ist mitten im Gespräch mit dem Ranger, der uns vorhin gewarnt hat. Sein Jeep steht nun auf der anderen Seite des asphaltierten Weges, nahe am dichten Wald. Genau dort, wohin der dunkelhaarige Ranger vorhin gedeutet hat. Die beiden stämmigen Männer packen einen länglichen schwarzen Waffenkoffer aus Kunststoff in den Jeep von *Parks Canada*. Was auch immer gerade passiert ist, ihr kühler, ernster Blick spricht eine eigene Sprache.

Ohne ein Wort zu sagen, gehen wir weiter.

Das krankenhausgrelle Licht in den Waschräumen erleuchtet nahezu jede Ecke des verwinkelten Gebäudes. In dem vor uns an der Wand hängenden Spiegel können wir unsere bärtigen Visagen nur vage erahnen.

Hauke dreht sich zu mir: »Hast du dein Rasierzeug dabei?«

»Nee. Viel zu schwer. Und du?«

Er schüttelt den Kopf und fährt sich mit seiner Hand über das dicht behaarte Gesicht.

»Du siehst ganz anders aus, mein Freund«, entgegne ich dem Vollbärtigen.

»Ich weiß nicht ... Meine Freundin ist davon nicht so angetan.«

»Ich aber«, grinse ich.

»Ah ... Nach der Tour kommt der Bart ab. Das muss alles glatt sein wie ein Kinderpopo.«

Nicht im Wald seine Notdurft zu verrichten, wie die Tage zuvor, kann ein Festakt sein.

»Dominik?«

»Ja, was ist?«

»Alles gut?«

»Alles bestens.«

»Was machst du denn da so lange?«

»Na ja ... ich sitze hier halt.«

Ein Lachen schallt durch das geflieste Gebäude, das die Wände reflektieren.

»Du brütest da also ein Ei aus? Wollen wir nicht mal langsam los?«

Hauke steht längst mit seinen Kultursachen nahe der Ausgangstür und guckt in meine Richtung, während ich erleichtert aus der Toilettenkabine trotte. Er geht von einer Stelle zur anderen. »Brauchst du noch lange?«

»Also, ich wollte noch duschen und meine Sachen zu Ende waschen. Und ja ... heute ist der Tag gekommen, wo meine Zähne sich freuen, mal sauber zu sein.«

»Es wird dunkel. Du weißt, was das heißt.«

»Ja. Hast recht. Dann wasche ich mich einfach nur ein bisschen mit diesem Waschbecken hier.«

Ich putze mir schnell die Zähne mit meiner abgesägten Zahnbürste. Jedes Gramm weniger zählt. Meine klitschnasse Wanderhose drücke ich im Waschbecken aus, rolle und presse sie fest zusammen. Das braune warme Wasser läuft in einem Strahl ins Waschbecken ab.

»Scheiße.«

»Was ist los?«

»Guck mal meine Wanderhose …«

»Wie ist denn das passiert?«

Mit einem lauten Stöhnen schmeiße ich den nassen seifigen Klumpen meiner Trekkinghose in die Ecke neben dem Waschbecken und wasche im nächstgelegenen Waschbecken, in dem im Gegensatz zum anderen keine Seifenblasen schwimmen, den Rest meiner Wäsche.

»Was machst du denn jetzt?«

»Ich überlege mir was. Die Worte vorhin vom Ranger, dass man besser nicht mit in Seife gewaschenen Klamotten ins Zelt geht, waren ja mehr als eindeutig. Warum müssen sich Bären ausgerechnet so für Seife interessieren?«

»Das wäre es ja noch, heute Nacht Besuch von unserem pelzigen Freund zu bekommen.«

Die Lichtkegel unserer Kopflampen sind die einzigen Lichter in der Dunkelheit. Die dumpfen Tritte unserer Wanderschuhe und ein ab und zu in der Tiefe des Waldes bellender Hund sind die einzigen Geräusche weit und breit. Die angebrochene Nacht umarmt uns mit einer kühlen leichten Luftfeuchtigkeit, was ein etwas drückendes Gefühl auf der Haut verursacht. Den nassen zusammengedrückten Klumpen meiner Wanderhose trage ich in der Hand. Wir gehen weiter. Nur von ein paar wenigen Caravans geht ein Licht aus, das von der Finsternis aber verschlungen wird.

Wieder und wieder leuchten wir am Rande des Weges vom Campground in den Wald hinein und klatschen in die Hände. Einmal. Und noch einmal. Auch den Platz, auf dem die beiden Ranger vorhin mit ihren Waffen standen, passieren wir, ohne ein Wort zu wechseln. Die Stille der Nacht ist mächtiger.

Beim Camp leuchtet nur noch Haukes Zelt im Schwarz der Nacht wie eine große ovale Gartenlampe. Sicher liest er wieder, um den Tag ausklingen zu lassen. Bewaffnet mit dem Messer, das ich in der Hand halte, gehe ich zu den dicht beieinanderstehenden Bäumen und schneide einen Tannenzweig nach dem anderen ab. Mit einem Griff stecke ich das Messer zurück in die Lederhalterung und schreite mit den Zweigen in der Hand rechts von unseren Zelten in die Dunkelheit.

Unsere zum Lüften aufgehängte nasse Wäsche liegt über dem Holztisch und den beiden dazu gehörigen Holzbänken. Mit einem tiefen Seufzer verteile ich noch mehr von dem scharfkantigen Gesträuch auf unsere Kleidung und gehe zurück zu meinem Zelt.

DER FRÜHE BERGVOGEL

»Meine Herren, ein Grizzly ist beim Müllplatz bei der Campingplatzrezeption.«

»Da wollten wir gerade hin. Ist es die Bärenmutter von gestern?«, frage ich.

»Ja, das ist sie. Habe schon gehört, dass sie gestern wieder hier war.« Er senkt die Stimme und fährt in ernstem Ton fort: »Geht dort nicht hin. Nicht jetzt.«

»Alles klar.«

»Seid auf der Hut.«

Der bärtige betagte Ranger mit dem wachen Blick hat die Schicht heute früh übernommen. Er fährt mit seinem grünlich-weiß-melierten Jeep Richtung Rezeption. Das sich langsam entfernende brummende Motorengeräusch ist der einzige Klang an diesem Morgen.

Es sind bisher nur wenige Campingplatzbesucher auf den Beinen, die der Ranger ebenfalls warnt. Die Grizzly-Bärin hätte einigen Menschen einen Schreck im Morgengrauen einjagen oder aus heiterem Himmel angreifen können.

»Mich wundert es nicht, dass die Grizzly-Mama wieder da ist, so stark wie es hier überall nach Essen riecht.«

»Der Ranger war auf jeden Fall sofort vor Ort. Bestätigt wieder mal die These, die mir der eine Typ erzählt hat. Die Bären scheinen hier wohl echt gechipt zu sein.«

»Ja, du meinst so ein GPS-Radar, auf dem sie sofort sehen können, wo sich die Bären in diesem Tal aufhalten. Auf den Meter genau. Finde ich komisch, diese

Überwachung. Irgendjemand hat bestimmt wieder irgendwo offen Müll stehen lassen.«

»Aber es funktioniert. Und so stellt Parks Canada immerhin ein bisschen mehr sicher, dass die Menschen hier nicht in eine bedrohliche Situation kommen.«

»Ryan hatte sowas von recht. Je mehr Menschen, desto mehr Probleme.«

»Gut, dass wir heute weiterziehen.«

»Hauke, dann lass uns am besten einfach in den Waschräumen packen. Dann kann ich mir auch noch mal in Ruhe die Zähne putzen.«

»Passt.«

»Später, wenn wir bei der Campingplatzrezeption langgehen, ist die Grizzly-Mama bestimmt über alle Berge.«

Ich rieche an meiner Wanderhose und kneife die Augen zu.

»Und? Haben die Tannenäste von gestern Abend den Geruch neutralisieren können?«, fragt Hauke.

»Die Hose riecht immer noch ein bisschen nach dieser beschissenen Seife aus dem Waschbecken. Zu dumm, dass da noch Seife drin lag. Aber der Geruch ist so gut wie verflogen.« Ich lasse abermals Leitungswasser über die Hose laufen und wringe sie mit einem kräftigen Händedruck aus. Der leichte Geruch der parfümierten Flüssigseife steigt mir aber weiterhin in die Nase.

»Da muss bestimmt einfach nur mehr Luft dran.«

Ich nicke und schnüre die Hose mit Hilfe der schwarzen Schnalle oben auf meinen Rucksack.

»So, ich bin dann jetzt auch bereit. Lass uns zur Rezeption gehen und da noch irgendwas frühstücken. Oh Gott ... und Kaffee. Das ist erstmal die letzte Möglichkeit für die nächste Zeit, einen frisch gebrühten Kaffee trinken zu können.«

»Und dann lass uns endlich weg von hier.«

Kapitel 4

BRÜCKENSCHLAG

Auf dem Weg zum Turbine Canyon, Peter Lougheed
Provincial Park, 21. August, vormittags

Die Ruhe des atemberaubenden Bergambientes nördlich
vom *Upper Kananaskis Lake*, dem kleineren See am
Lower Kananaskis Lake, ist im sonnigen Tageslicht ein
Geschenk der Götter. Die zusammenhängende Seenplat-
te hat eine Gesamtoberfläche von fast acht Quadratkilometern. Eine unendliche Weite aus Blau, umgeben
von zackigen schneebedeckten Felskolossen.
Der markante Wanderweg ist umzingelt von grauen
Geröllformationen, die bis hin zu den Hängen der Berge
reichen. Ein Steinbruch der Natur, wie aus einem Bilderbuch ausgeschnitten und vor unser Sichtfeld geklebt.
Ein Poesiealbum der Sinne. Wie wunderschön kann sich
die Natur zeigen? Sind wir überhaupt im Stande, das zu
verstehen? Als winziger Punkt in der Wildnis? Jedes
Quäntchen Narzissmus wird von den Hängen zer-
schmettert. Wir schweigen, auch beim Aufklingen eines
blechern schallenden Geräusches, und bestaunen weiter
im Gehen das Massiv des *Mount Lyautey* links oberhalb.
Das Geräusch, wie eine klingende Kuhglocke auf einer
Alm, wird lauter. Ein leicht gebeugter kleiner Mann mit

einem überdimensionalen Rucksack kommt uns entgegen. Ein Asiat. Allein und in Relation zu den wilden Bergen ein Gnom mit leiser Stimme: »Hey, euch viel Glück.«

Fassungslos kriegen wir kein Wort heraus und schauen ihm hinterher.

»Viel Glück braucht der auf jeden Fall«, sage ich.

Seine gelbe rundliche Bärenglocke mit eingefrästem Kreuz, die an einer langen Schnur an seinem Rucksack hängt, klingelt leiser werdend ihre monotone Melodie. Wie gestern muss ich an die beiden Mädchen denken. Ryans dumpfer kanadischer Stimmklang mit seinen Worten hallt noch immer in meinem Kopf nach.

Die nächsten Wanderer kommen uns von Weitem entgegen und mit ihnen auch laute Musik. Ein Jugendlicher der Wandergruppe hat eine kabellose Box an seinen Rucksack gebunden und geht mit einem breiten Grinsen vorbei.

Hinter uns macht sich ein Pärchen mit leisen Schritten bemerkbar, das innerhalb weniger Momente mit schnellen Schritten zum Überholen ansetzt und ohne ein Wort im Wald verschwindet.

ERSTER FC ROCKY MOUNTAINS

Turbine Canyon Campground, Peter Lougheed
Provincial Park, 22. August

Die weit ausgebreiteten Zweige der Tanne tragen die Wanderhose. In der Morgensonne bilden die schimmernden hellen Stellen des anthrazitfarbigen Stoffes einen Kontrast gegenüber den dunkleren. Die Unterhosen, Socken, meine Wanderhose und meine gestern gefundene hellgraue Mütze schmücken zwei danebenstehende Tannen. Sollten jetzt noch die gestern Abend über den Campground gehoppelten jungen Karibus vorbeischauen, wäre die Atmosphäre perfekt. Weihnachten in den Rockies und das am Morgen.

»Moin.«

»Moin Moin! Und? Riechen deine Hose und deine neue Mütze immer noch nach Parfüm?«

»Dank des Flusses nicht mehr. Habe die Hose und die Mütze gerade herausgeholt. Ein Fluss ist die perfekte Naturwaschmaschine. Der Waschgang über Nacht hat funktioniert. Wir sind übrigens doch nicht alleine. Hast du das Zelt gesehen?«

»Die sind gestern ziemlich spät gekommen.«

»Ich habe nichts gehört. Habe wie ein Stein geschlafen.«

»Lass uns gleich los.«

»Ja, gleich. Erst mal ist Frühstück angesagt.«

Die Aussicht auf das Tal, dessen Vollkommenheit mir den Atem raubt, spricht ihre eigene Sprache. Jeder Gedanke verstummt, während wir wenig später den Wanderweg entlanggehen. Wie ein meisterhaftes Gemälde liegt das bewaldete Tal da. Ein Kunstwerk, an dem sich die Sinne erfreuen. Nur die Lichtintensität der Sonne entscheidet, wie lange das Naturkunstwerk noch bestehen bleibt. Auf dieser Naturkunstausstellung sind Hauke und ich die einzigen Besucher.

Ich gehe voran, den Berg hinunter durch vertrocknete Bachläufe ins überwucherte Tal. Hauke ist einige Meter hinter mir und schweigt.

Es ist Mittag. Die Melodie von *The Next Episode* von den Hipp-Hoppern *Dr. Dre* und *Snoop Dogg* schallt durch den Wald. Von meinem auf einem halbvermoderten Baumstumpf liegenden Smartphone ertönt das sich wiederholende Klangmuster.

»Und?«

»Okay … Bevor ich was sage, probier du mal.«

»Bah. Was ist das denn?«

»Egg-Mix mit Wurst.«

»Das ist nicht ansatzweise Rührei.«

»Eher ein Unfall. Na ja, komm. Essen wir trotzdem. Passt.«

Es ist Nachmittag. Der *Palliser Pass*, im *Height of the Rockies Provincial Park,* gleicht einer längs gezogenen Wiese. Sie ist tausendfach mit einer Pflanze überzogen, die am Stiel ein weißes Gewebe aufweist. Mit jedem Schritt weitet sich diese Wiese und gleicht einem Fußballfeld, das lediglich auf beiden Seiten von einem dichten Nadelwald begrenzt ist. Hier trainiert der *Erste FC Rocky Mountains*. Die Sitze der Tribünen des größten Naturstadions der Welt sind in den Baumkronen und den schneebedeckten Hängen. Die auf unseren Namen ausgestellte Dauerkarte für die Saison steckt in unseren Rucksäcken: der *Wildnis-Pass*. Hauke und meine Wenigkeit sind die einzigen Besucher, die die Fanmeile bis hierhin gegangen sind. Es fehlt das Bier.

»Du Dominik, ich muss dir was sagen.«

»Schieß' los.«

»Also, ich denke, ich habe mich entschieden. Es lohnt sich für mich nicht, noch weiter zu gehen, wenn wir in Banff sind. Das wären zwei Tage von deinem Lieblingsort hier in den Rockies weiter und dann den gleichen Weg für mich wieder zurück.«

»Jo … Mein Lieblingsort. Sehr witzig.«

»So kann ich auch einfach noch mal drei Tage ausspannen und für mich sein. Hat wirklich nichts mit dir zutun. Nicht dass du das denkst.«

»Alles gut. Das denke ich auch nicht. Also ist Banff für dich Endstation und nicht Floe Lake?«

»Ja.«

Wir folgen am Waldrand einem spärlich ausgetretenen Pfad, von dem wir einen Ausblick auf die kantigen Bergkämme haben. Zum Teil noch mit Schneemassen überdeckt und glatt bis zur obersten Kante, ragen sie im Sonnenschein empor. Nur der Schatten der vorbeiziehenden Wolken am Himmel lässt diesen Anblick in jedem Moment zu einem anderen Schauspiel werden, ähnlich der bebenden Menge auf den Tribünen im Finale der Weltmeisterschaft 2014.

Das kleine gelbe vor uns stehende Schild verrät uns, wo wird sind: im *Banff Nationalpark*. Premiere. Hier im Nationalpark sind derzeit rund achtzig Grizzlys und sechzig Schwarzbären registriert. Wo sind nun die hundertvierzig Bären auf einer Fläche von 6.641 Quadratkilometern? Den Bärenbericht von *Parks Canada* bei Twitter kann ich aktuell nicht mehr verfolgen, hier gibt es kein Internet. Immer wieder schaut auch mein Gefährte über die riesige Grasfläche. Nichts. Auch kein einziger Fußballstar der Wildnis.

Der schattige Sitzplatz auf meinem Wanderrucksack gibt sich bei unserer Verschnaufpause von seiner besten Seite. Ich falte die Seite der Wanderkarte, auf dem der *Banff Nationalpark* beginnt, und lege sie auf den Boden zwischen meine Beine. Der auf der Karte rot gepunktete Weg am *Spray River* verläuft geradewegs nordwestlich. Alle recht weit auseinander eingezeichneten Höhenlinien sowie die Flussläufe und auch die schraffierte Farbe der Vegetation zeigen dieses überdimensionale Tal. Unser Tagesprogramm.

Ich gleiche die Karte mit dem Bildschirm meines GPS-Gerätes ab und lokalisiere unseren genauen Standpunkt. Ich nicke und packe die Karte wieder in meine Brusttasche. Auch das GPS-Gerät hänge ich zurück an meine Rucksackriemen mit dem Karabinerhaken.

»Und? Was sagt der Navigator?«

»Von der Größe her betrachtet, müssen wir noch ein paar Fußballfelder überqueren. Bald kommt ein Campground, an einer Brücke gelegen. Das ist aber dann noch nicht unserer. Noch sechs Kilometer weiter, dort ist dann der Birdwood-Campground.«

»Bin gespannt, ob wir heute Gesellschaft haben.«

»Außer diesen Vater mit seinen beiden Töchtern haben wir heute niemanden auf dem Wanderweg gesehen.«

»Laut Ryan wird sich das aber bald ändern. Wir sind ja jetzt im Nationalpark.«

»Der sitzt bestimmt gerade immer noch am Riverside und beobachtet Wildtiere.«

Am Ende der fußballfeldgroßen Fläche durchleuchten die letzten Sonnenstrahlen der schwachen Abendsonne den Waldrand. In der Ferne erscheinen davor die Umrisse einer Holzhütte. Auf einer Lichtung steht dieser hellgraue Klotz und bildet einen farblichen Kontrast zu den grün bewaldeten Bergen, Gräsern und Wäldern. Anscheinend für Ranger von *Parks Canada* vorgesehen. Die Fenster sind mit Holzbrettern verbarrikadiert. Wahrscheinlich war hier seit Langem niemand mehr.

Warum ist es hier so still? Selbst der Wind bleibt der offenen Fläche fern. Kein pfeifender Vogel am Himmel, nur ein paar vereinzelt summende Mücken melden sich. Nur wir zwei, die Gefährten aus dem fernen Norddeutschland, tapsen dem immer näherkommenden dichten Wald entgegen.

Plötzlich verändern sich die Schattierungen in der Abendsonne an einer Stelle links abseits. Und da, an einer weiteren. Und wieder ein paar Meter das gleiche verworrene Spiel. Eine Fata Morgana?

»Was ist das dahinten?«, frage ich Hauke, der ebenfalls stehen bleibt und nach links zur Waldgrenze schielt.

Der grüngraue Riss im Kontrast zur Wiese bewegt sich weiter. Langsam. Für einen Moment ist die Zeit nicht mehr vorhanden. Nur mein pochender Herzschlag. Wir erkennen einen felligen Vierbeiner schräg über die Fläche stolzieren. Er ist etwa eineinhalb Meter lang, bleibt stehen und guckt in unsere Richtung. Einige lange Sekunden schaut er zu uns, als ob er uns etwas sagen möchte.

»Krass. Heftig.«

»Er hat irgendwas um. Das ist wohl ein GPS-Peilsender«, meint Hauke. »Das ist komisch. Es kratzt ihn gerade überhaupt nicht, dass wir hier sind.«

Erneut bleibt der Einsame stehen und dreht seinen grauen Kopf mit dem weißen Unterkiefer in unsere Richtung. Mit seinem 250-Grad-Blickwinkel hat er, im Gegensatz zum 180-Grad-Sichtfeld des Menschen, den besten Überblick über diese Wiese. Mit dem letzten Licht der Sonne schleicht der Wolf im Schatten der Berge über die Grünfläche, die an den meisten Stellen von der Sonne ausgetrocknet ist. In diesen Gefilden ist er der Boss. Er hat keine natürlichen Feinde, nur innerhalb eines Rudels. Selbst mit einem ausgewachsenen Grizzly würde er es aufnehmen.

PARTY

Birdwood Campground, Banff Nationalpark,
abends

Schrilles Gelächter dringt aus dem dichten Wald. Wahrscheinlich eine große Gruppe. Sie unterhalten sich laut und fangen aufs Neue an zu kichern. Wir werfen unsere Wanderrucksäcke auf das weiche Gras. Die Stimmen aus unmittelbarer Nähe hören sich an wie gackernde Hühner, die um ein paar Brotkrümel kämpfen.

»Gibt was zu feiern …«

Wir schlagen unsere Zelte auf dem trockenen Gras auf. Im Nu stehen unsere Nylonbehausungen im dichten Wald, mit Leinen in alle vier Himmelsrichtungen abgespannt. Der Zeltaufbau geht mit jedem Tag schneller.

Weiter geht es auf dem Pfad, der anscheinend zu den Essensschließfächern führt, genau in die Richtung der Waldparty. Vor dem Dickicht am Wegesrand sitzen zwei lachende Mädchen. Beide knallen ihre Hände auf die Oberschenkel und schreien aus vollem Halse. Sie reißen ihre Augen auf, als wir zu ihnen an den Tisch kommen.

»Hey, Boys. Was geht ab?«

»Viel. Und bei euch?«

»So einiges«, lacht eine von beiden, die eine Brille trägt. Und auch ihre Sitznachbarin erwidert das Lachen.

»Wisst ihr, wo die Essensschließfächer sind?«

»Dort drüben.« Die junge Frau zeigt in den Wald, wo ein Baum dicht am anderen steht. »Doch das sind keine Schließfächer, da ist nur ein Seilzug.«

»Passt. Nehmen wir auch.«

»Seid ihr schon lange hier?«

»Nee, noch nicht«, antwortet die Dunkelhaarige. Sie trägt schwarze Ohrringe in Form einer schwarzen Träne, wie das eine Auge von Ryans Hund. Ihre Stimme geht mir unter die Haut.

»Wir haben gerade einen Wolf gesehen.«

»Was? Wo denn?«

»Etwa zwei Kilometer von hier entfernt, mitten im Tal auf der Wiese.«

»Unheimlich.«

Auch die beiden jungen Frauen haben seit Tagen nur wenige Menschen gesehen. So verselbstständigt sich die Unterhaltung, während ich meinen Kocher zusammenschraube und heißes Wasser für eine Mahlzeit aufsetze. Die Brillenträgerin heißt Camille und ihre wortkarge Freundin Ashley. Zwei Kanadierinnen.

»Und, habt ihr schon Bären gesehen?«, fragt Hauke.

»Leider nicht. Obwohl wir bereits seit einer Woche unterwegs sind. Sagt Bescheid, wenn ihr einen seht. Und ihr?«

»Noch nie«, antwortet Hauke, während Camille und Ashley sich mit einem Feuchttuch das Gesicht und die Hände abwischen.

»Was macht ihr da?«

»Willst du auch eins?«

Ich nehme die Verpackung und rieche dran.

»Euch ist schon klar, dass das nach chemischen Duftstoffen riecht ...«

»Ja. Und?«

»Na ja, wo wir gerade über Bären sprechen … Dieser Geruch lockt sie an. Kein Witz.«

»Ach, selbst wenn. Fressen wird er mich schon nicht. Eher dich, Ashley«, lacht sie.

»Das ist mein Ernst. Schminke und alle möglichen anderen Kosmetika locken sie an. Nehmt das nicht mit ins Zelt.«

»Haben wir die letzten Tage aber so gemacht«, meint Ashley.

»Ich habe ein Buch über das Wandern in Bärengebieten gelesen. Da stand das drin. Hängt das besser mit eurem Proviant in die Bäume.«

»Was ist denn das für eine Karte?« Camille guckt mich mit hochgezogener Stirn an. »Kann ich die mal kurz haben?«

Ich reiche ihr die zusammengeklappte Wanderkarte.

Sie breitet sie auf dem halbmorschen Holztisch aus. »Schick.«

»Ist eine normale kanadische Wanderkarte.«

»Wir haben nicht mal eine«, grinst sie.

»Und wie navigiert ihr?«

Ashley holt ihr in einem pinkfarbenen Gummischutz steckendes Smartphone heraus, schaltet das Display ein und reicht es mir.

»Wir haben die offizielle App vom Great Divide Trail.«

»Ah, die habe ich auch zur Sicherheit. Habt ihr denn hier überhaupt Empfang?«

»Nein. Hier gibt es keinen Handyempfang. Wir haben einfach nur den GPS-Sender an, dann geht das«, antwortet die junge Kanadierin und sieht mich mit einem tiefen Blick an.

Auf ihrem Handydisplay ist ein Punkt mitten auf der Karte der App zu erkennen.

»Wir haben es, glaub ich, ein bisschen übertrieben«, sage ich. »Neben der App und den schicken Karten haben wir noch mein GPS-Gerät und Haukes ausgedruckte Kartenausschnitte von der Great-Divide-Trail-Association dabei.«

»Ohne Ashley wäre ich hier völlig aufgeschmissen. Sie navigiert«, lacht Camille. »Doch eure Karte gefällt mir sehr. Man sieht ja fast alles.«

Ich halte meine Digitalkamera in Richtung der beiden Kanadierinnen und drücke kurzerhand auf den Auslöser.

»Hast du etwa ein Foto von uns gemacht?«, fragt Camille.

»Nein, nein. Ich doch nicht. Ich habe mir nur die Einstellungen von der Kamera angeguckt.«

Mit einem breiten Grinsen schaut Ashley mich an. Sie scheint wohl den Braten gerochen zu haben. Mir wird ganz warm ums Herz bei ihrem Lächeln. Als könnte sie meine Gedanken lesen. Ihr Strahlen in dieser einzigartigen Natur, die uns vier umgibt, spricht Bände.

»Ihr beiden Wilden habt echt wenig dabei«, fährt Camille fort.

»Wir haben nur das dabei, was wir auch brauchen«, antwortet Hauke der straßenköterblonden Brillenträgerin.

»Jedes Gramm zählt.«

»Also wir haben vieles dabei, was man nicht braucht«, kichert sie. »Jedenfalls fällt mir das immer mehr auf. Jetzt bin ich schlauer.«

Noch während sie weiterredet, schweifen meine Gedanken ab. Können sich Camille und Hauke jetzt nicht in Luft auflösen? Ashley und ich schauen uns einfach weiter tief in die Augen, ohne ein Wort. Den ganzen Abend könnte ich mit ihr verbringen, bis zum Frühstück, mit dieser geheimnisvollen, feurigen Kanadierin aus Saskatchewan. Saskatchewan ist eine abgelegene Region, die am dünnsten besiedelte Provinz Kanadas. Ashleys wenige Worte und ihr langsamer Wimpernschlag sind das i-Tüpfelchen in dieser rauen Wildnis. Ein Gesicht mit einem verschmitzten Lächeln, das kein Ende findet. Es kommt aus tiefstem Herzen.

»Und was ich euch überhaupt noch gar nicht erzählt habe …«, fährt Camille mit lauter Stimme fort: »Wir haben uns fast verlaufen und dann haben wir Wanderer getroffen …«

Wieder versinke ich in meinen Gedanken, während ich mir meine mittlerweile fertige Mahlzeit einverleibe. Ashley guckt erneut mit tiefem Wimpernschlag herüber, während Camille ununterbrochen redet.

»Das ist total verrückt. Oder?«, guckt Camille erwartungsvoll in meine Richtung.

»Äh … ja«, antworte ich mit einem tiefen Seufzer.

UNBEUGSAM

Birdwood Campground, Banff Nationalpark,
23. August

Die aufsteigende Sonne durchleuchtet das Zelt. Nur mit meiner Boxershort bekleidet, liege ich auf der betonharten Isomatte. Der warme Schweiß verklebt meine Haut mit dem Boden. Der Schlafsack liegt an der Zeltwand zusammendrückt, soweit weg es geht. Im Schneidersitz mache ich es mir in meinem lichtdurchfluteten Zelt auf dem *Birdwood Campground* gemütlich. Ich sehe die längsverlaufenden Schürfwunden, während meine Beine über Kreuz liegen. Wie frisch gestochene Tattoos, die noch blutig rot sind. Neben dem an meinen Waden haftenden Dreck sehen sie aus wie geschwungene Schriftzüge. Es ist die Schrift der Rocky Mountains, geschrieben vom scharfkantigen Gestrüpp am Wegesrand. Meine Kamera halte ich vor mich und filme das Innenzelt. Ich gähne. Auch aus der Richtung des Nachbarzeltes ertönt ein Gähnen und Rascheln.

Hauke ruft: »Gut geschlafen?«

»Und selbst?«

»Erste Sahne. Wie herrlich das ist, einfach mal auszuschlafen.«

»Oh ja. Und meine Beine sind mal wieder zerkratzt …«

»Von der Nacht? Was hast du denn wieder gemacht?«

»Gekämpft natürlich, mit mehreren Grizzlys. Kennst mich doch.«

»Hast du auch die Wölfe gehört?«

»Nee ... Du hast Wölfe gehört heute Nacht?« Ich bin fassungslos.

»Also, ich habe sie nicht heulen hören, sondern mehr so, als ob es Hunde wären, die bellen. Mehrere.«

»Okay. Ja, das waren dann Wölfe. Wo einer ist, sind mehrere. Die sind in Rudeln unterwegs.«

»Männliche Wölfe sind auch alleine unterwegs.«

Ich denke an unsere gestrige Begegnung mit dem Wolf auf der offenen Weide. An den unnachgiebigen Blick des Wolfes, sein glänzendes Fell in der Abendsonne, die von ihm ausgehende Ruhe und Dominanz. Ihm hätte sich wohl keiner in den Weg gestellt.

»Guten Morgen, Mädels.«

»Hey, Boys«, ruft Camille von der Holzbank, auf der wir gestern saßen. »Oh mein Gott, habt ihr auch die Wölfe in der Nacht gehört?«

»Ich habe sie gehört. Weit weg war das nicht. Die lassen sich wohl nicht verscheuchen.«

»Unheimlich war das. Ich habe nicht wirklich viel ge-schlafen«, meint Camille.

»Also ich habe tief und fest geschlafen.«

»Das hätte ich auch gerne«, sagt Ashley.

Unsere Blicke kreuzen sich. Sie sieht verschlafen aus und in sich gekehrt.

»Ihr habt schon gefrühstückt?«, fragt Hauke.

»Na ja, es ist schon fast zehn Uhr. Wir gehen dann mal. Ihr überholt uns auf dem Wanderweg nachher sowieso«, lacht Camille.

Die beiden Kanadierinnen verschwinden auf dem schmalen Pfad.

»So, jetzt haben wir Ruhe«, bemerke ich.

»Mein Gott, hat die eine mal wieder geredet ... wie ein Wasserfall.«

»Beide waren echt nett. Doch Ashley ist schon eine Bombe. Sie ist vor allem richtig schön.«

Sieben Stunden später

»Das ist ja nicht so schön«, sagt Ashley mit trockener leiser Stimme.

Auch Camille, die neben ihr steht, hat einen ängstlichen Gesichtsausdruck. Hauke und ich betrachten ebenfalls das rote Schild mit der fetten Aufschrift *Achtung*. Die weit aufgerissenen Augen von einem Grizzlybären mit gespitzten Ohren schauen uns vier auf einem hochauflösenden Farbbild entgegen. Unter der Abbildung steht in weißen Buchstaben: *Sie betreten eine Gegend, in dem Wanderer in der Vergangenheit Bären überrascht haben und ernsthaft verletzt wurden. Kritischer Lebensraum von Grizzlybären. Seien Sie besonders vorsichtig.*

Zu viert gehen wir weiter auf dem plattgetretenen Wanderweg tief in den Wald hinein. Hauke und Camille vorweg, Ashley und meine Wenigkeit dicht dahinter. Niemand ist sonst unterwegs. Es ist ruhig im Wald. Der

Wind hat hier keine Chance; die hohen Bäume mit ihrem breiten Astkleid stellen sich ihm trotzig in den Weg.

Keiner bringt ein Wort heraus. Selbst Camille hat es die Sprache verschlagen. Immer wieder versuche ich, mit Ashley ein Gespräch anzufangen, um die Stille zu durchbrechen und eventuelle Pelzträger in der Umgebung zu verscheuchen, doch nach ein paar Worten ist es erneut still. Totenstill. Der Wald gibt kein Geräusch von sich. Kein Knacken der Äste, kein Vogelzwitschern, kein Windstoß, geschweige denn eine Wandergruppe. Außer uns ist niemand da.

»Mädels … Was haltet ihr von einer Pause?« Ich schaue unsere Zeltnachbarinnen von vergangener Nacht an.

»Ist eine gute Idee, Dominik«, sagt Camille. »Da hinten ist sogar ein Plumpsklo.«

Über eine kleine Holzbrücke gehen wir alle hintereinander über einen schnell fließenden Bach und rasten auf dem Waldboden.

Der Wald riecht nach Lagerfeuer, als ob verkohlte, gerade erloschene Holzscheite herumliegen würden. Der drückende Geruch in der Nase ist so präsent wie das meditative Rauschen des Baches.

Die Waldbrände sind zehn Kilometer entfernt, sehen wir anhand der Wanderkarte, die ich ausgebreitet in meinen Händen halte. Wie groß muss der Brandherd des Feuers sein, wenn zehn Kilometer entfernt der Geruch so stark ist?

Nach einer Stunde erreichen wir den *Marvel Lake Campground* mitten im Wald, der sich unterhalb des Berggipfels vom *Marvel Peak* befindet. Es herrscht Hochbetrieb. Ganze Gruppen von Tages- und Mehrtageswanderern tummeln sich im Essensbereich an den vielen Holzbänken. Eine Gruppe aus mehreren Frauen, Anfang fünfzig, sitzt an einem der Holztische und gackert in einer Tour, als ob ein Comedian auf einen Ast der umstehenden Bäume geklettert wäre und einen Witz nach dem anderen reißt. An einem Seilzug aus Draht ist es ein Leichtes, den Proviant mit der Ausrüstung in die Höhe zu ziehen. Ein Sammelsurium aus Packsäcken, Plastiktüten und Rucksäcken hängt fünf Meter in der Luft zwischen zwei großen Bäumen.

Nach dem Abendessen kehrt Ruhe auf dem überfüllten Zeltplatz ein.

»Ich werde mich mal in mein Zelt begeben und lesen«, meint Hauke.

»Mach das. Gibt es hier eigentlich eine Toilette?«

»Da drüben. Viel Spaß.«

»Danke«, sage ich schmunzelnd.

Ich klopfe die Taschen meiner Wanderhose ab. Mein GPS-Gerät, die Wanderkarte, meine Kamera, das Buch *Vom Wandern* von *Henry David Thoreau* und mein Messer mit seiner zwölf Zentimeter langen Klinge kann ich fühlen. Aber wo sind meine Taschentücher?

Auf allen vieren krabble ich in mein Zelt. Wie aufgeräumt es hier ist. Dank der Bären und dem ganzen Aufgehänge von Proviant in die Bäume, der penibel genauen Sortierung von nach Essen riechenden und neutralen Ausrüstungsgegenständen wird hier in meinen vier Nylonwänden stetig die Ordnung aufrechterhalten. Ich presse meine Lippen zusammen und nicke. Hilft mir jetzt aber auch nicht.

Ich durchwühle meine Klamotten, die Netzwandtasche des Innenzeltes und den wasserdichten Schlafsackpacksack. Da sind die Päckchen mit Taschentüchern ja. Noch drei Stück – für noch über zwei Wochen auf Tour.

Wieder auf allen vieren krabble ich aus meiner Behausung. Hauke scheint bereits in seinen *Kindle* vertieft zu sein. Von unserer kleinen Lichtung aus verlaufen drei Pfade, man sieht verschachtelt die Kuppen der Zelte in allen möglichen Farben.

Ich folge einem der drei Pfade. Es herrscht ein buntes Treiben. Die einen sitzen vor ihren Zelten und unterhalten sich, andere gehen die zahlreichen Pfade entlang, unzählige Abzweigungen von einem Zeltplatz zum anderen. Alle Plätze sind mit Nummern markiert. Mit jedem Schritt gibt der Wald weitere überwiegend neonfarbig leuchtende Zelte preis.

Am Ende des Campgrounds schaue ich in den tiefen Wald hinein. Der *Marvel Lake* ist außer Sichtweite. Die sich immer mehr ausbreitende Dämmerung unterbindet die Chance, den See vom Fluss aus zu beobachten.

Ich gehe zum seichten Plätschern des Flusses hinunter und wasche meine Hände. Wie einen großen Eiswürfel, den man dreißig Sekunden in den Händen hält, durchschießt die nasse Kälte die Haut meiner Handflächen.

Ashley und Camille liegen sicher bereits in ihrem Zelt am anderen Ende des Campgrounds. Ich schlendere über den Pfad, klopfe auf der Wanderhosentasche nach meinen Taschentüchern und besuche die winzige Holzhütte mit dem kleinen Herzfenster, während sich die Dunkelheit über den Wald legt.

STAUSEESTRAND

Spray Lakes West Campground, Spray Valley Provincial Park, 24. August, nachmittags

Der pfeifende Wind ist das einzige Geräusch am steinigen Strand des fünfzehn Kilometer langen Stausees. Heute früh haben wir den überfüllten Campground am *Marvel Lake* hinter uns gelassen und das nordwestliche Ufer vom *Spray Lake* erreicht. Die Wolken und deren Schatten schwingen im Takt der Windböen über die kilometerlange Bergkulisse. Es könnte der Wind aus Norddeutschland sein, so wie ich ihn lieben gelernt habe.

Ich stiefle mit meinen verstaubten Wanderschuhen über die Steine weiter zum Wasser. Vorsichtig schaue ich rechts und links am Ufer entlang. Nichts. Nur der lauter werdende heulende Wind. Mein Blick wandert über die endlosen bewaldeten Bergketten, ihre steilen grünen Formen, die bis zum *Spray Lake* reichen, als ob sie ins

Wasser fallen würden. Ich filme das hellblau aufleuchtende Wasser. Die kleinen Wellen tanzen im Spiegelbild der rundgewaschenen Steine vom Grund des Sees. Glasklar. Eine funkelnde Meditation. Ist das jetzt das Paradies? Noch Stunden könnte ich diesem Dreihundertsechzig-Grad-Panorama frönen.

Zurück am *Spray Lakes West Campground* gehe ich zwischen unseren Zelten zur Lichtung. Beim Anblick eines auf der Bank liegenden Mannes spüre ich ein inneres Lächeln. Schleichend, wie ein Raubtier, nähere ich mich, um ihn nicht zu wecken. Ich gehe an der Bank vorbei. Noch immer ist der durch den spärlichen Wald rauschende Wind die einzige Melodie. Ist er lauter geworden? So leise es geht, schreite ich über die vereinzelt am Waldboden knirschenden Steinchen zur Anhöhe neben unserem Zeltplatz.

Geschafft.

Aus einem schwarzen Bus mit ausgeklappten Aufstelldach springt plötzlich eine blonde Frau Mitte vierzig. Ihr faltiges Lächeln und ihr zu mir rennender hechelnder Hund heißen mich Willkommen. »Hallo, Nachbar.«

»Hey. Du hast einen wunderschönen Bus. Erinnert mich an meine Heimat.«

»Danke. Du kommst also aus Deutschland?«

»Ja.«

»Ich liebe meinen Bus.«

»Kostet hier in Kanada bestimmt ein halbes Vermögen, so ein Volkswagen T3 Westfalia.«

»Weiß ich nicht mehr genau, wieviel er gekostet hat. Ungefähr zwanzigtausend Dollar.«

»So ein T3 ist in Deutschland immer noch sehr beliebt.«

»Hier eine absolute Rarität. Mein Name ist übrigens Fiona.« Ein knallblaues Surfbrett liegt auf dem Boden neben ihrem schwarzen VW. Ihr kleiner Hund rennt herum als ob er kurz davor ist, eine Maus aus einem Erdloch zu fangen.

»Willst du hier surfen gehen?«

»Nein«, lacht sie. »Das ist ein Brett für Stand-Up-Paddling. Kennst du das?«

»Habe ich schon mal von gehört. Bringt bestimmt Spaß in dieser Einöde.«

»Selten ist hier jemand am Ufer. Bestimmt häufiger die Tiere. Du und dein Kumpel, ihr habt sicher auf eurer Tour bereits Bären gesehen …«

»Nein. Hast du einen gesehen?«

»Gestern.«

»Hier?«

»Ja. Es war ein kleiner Schwarzbär. Er ist vom Ufer der anderen Seite hier rüber geschwommen und dann wieder im Wald verschwunden. Habe seinen aus dem Wasser ragenden Kopf gesehen.«

»Krass.«

»Das war schon toll zu beobachten.«

»Das glaube ich. Wir sind heute fast das gesamte Ufer des Spray Lake entlanggewandert, aus südlicher Richtung, und haben kein einziges Tier gesehen.«

»Ist für deinen Kumpel und dich sicher ein Erlebnis hier in den Bergen, so weit weg von der Heimat.«

»Atemberaubend. Diese Wildniss ... Der Spray Lake ist defintiv der größte See, den ich jemals gesehen habe. Kann ich ein Foto von deinem VW machen?«

»Sicher. Bis später dann.«

»Und wie hast du geschlafen, Hauke? Ich hoffe, ich habe dich vorhin nicht geweckt.«

»Ich war total weg. Tat mal gut, so ein Nickerchen.«

»So«, ich schaue auf das kleine, auf dem Tisch liegende Gerät, »auf dem GPS-Spot sind jetzt alle Lampen grün. Die Okay-Nachricht nach Hause an unsere Angehörigen ist übermittelt. Lass uns mal zum See.«

Das kleine Gerät, das unseren genauen Standort übermittelt hat, kommt kurzerhand zurück in den Rucksack. Hauke packt ebenfalls seine Siebensachen. Auf zum Strand.

Zwischen aufrecht aneinandergestellten glatten Steinen verbrennt das aus den Kartuschen entweichende Gas, zwei Flammenkegel aus neonfarbenem Blau mit vereinzelten gelben Stichflammen. Das Wasser für das üppige Essen wird warm.

Plötzlich wird die Abendsonne auf dem Wasser von einem markanten Punkt gebrochen. Aufknallende Geräusche ertönen im gleichen Rhythmus. Eine Frau im Bikini winkt uns zu. Wir winken zurück.

»Sie bewegt sich nur mit einem Paddel voran?«

»Ja. Dafür ist sie ganz schön schnell. Ist das nicht unsere Nachbarin mit dem T3?«

»Die hat sich auf jeden Fall ganz gut gehalten für ihr Alter. Fiona heißt sie.«

»Habt ihr schon Nummern ausgetauscht?«

»Hallo? Ich habe mich vorhin nur mit ihr unterhalten. Sie ist ganz nett. Außerdem bin ich einer der Vernünftigsten.«

»Du? Vernünftig? Ist klar ... Vielleicht schläfst du ja heute Nacht in ihrem Bus«, lacht Hauke, »eine Nacht mal nicht auf deiner harten Matte.«

Ihr aufrechtstehender Körper auf dem Brett gleitet weiter rechts am Ufer entlang. Ringsherum wird das kantige Bergambiente von der untergehenden Sonne noch an einigen Stellen bestrahlt. Das Brett von Fiona ist nicht mehr erkennbar, nur noch ihr schlanker Körper, der über das Wasser schwebt.

»Ein überragender Ausblick für ein Abendessen«, stellt Hauke fest.

»Meinst du jetzt die Landschaft oder Fiona?«

»Sehr witzig. Ich meine natürlich die Berge.«

»Diese Berge ... Natürlich.«

Hauke schaut auf die scharfkantigen Gipfel der Bergmassive. »So eine Aussicht haben wir bislang an noch keinem Campground gehabt. Und den größten Teil des Sees können wir nicht mal sehen.«

Das kochend heiße Seewasser aus unseren beiden Töpfen hat einen neuen Wirkungsort: in den Plastikstehbeuteln mit der Trockennahrung. Das glühende Leuchten vom Eisen der Kochgestelle wird schwächer.

Der unscheinbare Punkt auf dem Wasser wird größer.

Der Kontrast des Bikinis zum überdimensionalen Blau des Wassers leuchtet im Sonnenschein.

Hauke wendet sich zum Ufer. »Da ist sie wieder. Wie weit sie weg war …«

Ich erinnere mich an das Gespräch mit ihr. Fiona kommt aus Calgary. Sie macht für drei Tage eine Auszeit von ihren beiden Kindern und ihrem Mann. Zweieinhalb Autofahrstunden von ihrem Zuhause ist sie hier, in der Wildnis im *Spray Valley*, von der Außenwelt abgeschnitten.

»So. Ich glaube, mein Essen ist endlich fertig«, sage ich, während der Dampf aus dem geöffneten Plastikbeutel entweicht. Ein warmer Hauch.

Eiskalt
Spray Lakes West Campground, 25. August

Klirrende Kälte umgibt unsere Zelte früh morgens am *Spray Lake*. Ich kann es kaum glauben, als ich aus meinem kleinen Zelt krieche. Eine dünne Eisschicht klebt an unseren Nylonbehausungen. Sind das die Vorboten des Wintereinbruchs? In den Bergen kann bereits im Spätsommer Schnee fallen und die Temperatur von heute auf morgen drastisch abfallen.

Die offene Fläche, nur von ein paar Bäumen geschützt, hat die kalte breitflächige Luftfeuchtigkeit des Sees empfangen. Dicke wabernde Nebelschwaden hängen über dem *Spray Lake*. Auch der Steinstrand, an dem wir gestern zu Abend gegessen haben, ist geschmückt mit einem weißen Kleid. Meine Hände sind starr vor Kälte. Ich puste in die Handflächen und reibe sie. Auch meine Gesichtshaut erfährt ein konstantes Beißen des eisigen Morgentaus.

Die ersten Worte von Hauke am Frühstückstisch lassen mich für einen Augenblick schweigen. »Bist du heute Nacht über das Abspannseil meines Zeltes gestolpert? « Ein müdes »Nein« kommt über meine Lippen.

»Mein Zelt hat ganz schön gewackelt. Dann war das ein Tier.«

»Ein Bär?«

»Ich denke nicht. Das hätte, glaube ich, anders geklungen. Es war wohl das Reh von gestern.«

»Ist das kalt.«

»Ja … ich freu mich schon, wenn wir gleich wieder auf den Beinen sind. Dann wird uns warm werden.«

Der Dampf des kochend aufsprudelnden Wassers in meinem Titantopf steigt in die Luft und ich verrühre Haukes Kaffeepulver.

Während der Kaffee aufbrüht, hole ich meine Kompaktkamera aus meiner Wanderhose und drücke auf den Videoaufnahmeknopf.

»So, dann lass uns gleich alles zusammenräumen und auf nach Banff.«

Keine Spur von Fiona an diesem Morgen. Sicher schläft sie noch, so früh wie wir auf den Beinen sind. Ich blicke zu ihrem VW rüber. Weckt ihr Hund sie nicht? Gerne würde ich mich noch von ihr verabschieden. Wenn sie nachher aufwacht und mit ihrem Hund Gassi geht, sind wir bereits wieder über alle Berge.

Mit jedem Schritt, mit dem wir den *Spray Lakes West Campground* hinter uns lassen, kehrt die Wärme zurück in die Fingerkuppen und in alle anderen Organe. Nordwestlich am Ufer geht es entlang. Stunden vergehen. Dieser übergroße See scheint nie zu enden.

In der Ferne erklingen die Motorengeräusche eines Hubschraubers. Habe ich dieses Geräusch nicht schon gestern gehört? Er fliegt zum *Spray Lake*. Sicher nicht ohne Grund. Vor meinem geistigen Auge erscheint der Löschhubschrauber von *Parks Canada*, die riesigen Planen am Seil mit dem Helikopter verbunden, um Wasser zu transportieren. Der Stausee ist nicht weit vom *Verdant Creek Tal* entfernt, wo der Waldbrand tobt, auf einer kilometerweiten Fläche. Solche Bilder habe ich bisher lediglich in den Nachrichten gesehen.

DAS TAL DER LEERE
Am Fuße des Mount Rundle, Banff Nationalpark,
mittags

Entweder einzeln, mehrfach aneinandergereiht oder parallel rattern sie alle paar Minuten mit ihren breiten Felgen durch das Tal am *Mount Rundle*. Das vorbeiziehende Geräusch der durchlaufenden Spulen, der Pedaltritte und des Abbremsens erklingt, während die Sonne sich mit ihren warmen Strahlen zeigt. Auch die Wolken am Himmel haben sich verabschiedet. Das knallige Blau leuchtet von oben und verspricht einen heißen Tag.

»Ist dieser Weg eigentlich künstlich angelegt? Dieser ganze Schotter hier liegt nur auf dem Weg …«

»Ja, scheint so«, bestätigt Hauke, der ebenfalls die Umgebung begutachtet. Keine Spuren von Wildtieren, kein toter Baum oder abgebrochener Ast versperren den Weg.

»Klingt komisch, aber das ist hier irgendwie so aufgeräumt …«

»Ja, ich weiß, was du meinst. Ich habe übrigens, bevor du in Calgary gelandet bist, einige Tage zuvor jemanden getroffen, der erzählt hat, es gäbe ein Tal bei Banff, das von Bären und allen möglichen anderen Wildtieren freigehalten wird.«

»Und wie machen die das?«

»Keine Ahnung. Die Ranger gewöhnen die Bären vielleicht irgendwie um oder haben bestimmte Abschnitte eingezäunt.«

»Aber warum?«

»Na ja, ist nicht ganz abwegig, hier ist nun mal Banff mit vielen Touristen, die so vor den Bären geschützt werden.«

»Wohl eher andersrum. Und Bärenspray verkaufen sie den Touristen trotzdem«, schmunzle ich. »Jedenfalls hatten ein paar von den Fahrradfahrern gerade Bärenspray dabei.«

»Das machen die Ranger in diesem Tal sicher nicht ohne Grund. Hier hat es bestimmt schon häufiger brenzlige Situationen mit Bären und Touristen gegeben.«

»Ja, mag sein. Klauen die den Bären einfach ein Tal, weil die Menschen hier auch gerne sein wollen. Stell dir vor, jemand kommt zu dir nach Hause, vertreibt dich und zäunt alles ein.«

»Wie weit ist es eigentlich noch nach Banff? Was sagt das GPS?«

»Acht Kilometer.«

»Passt.«

»Bin gespannt auf Banff.«

Erneut erklingt vor uns ein knirschender Ton auf dem Schotterweg. Eine weitere Gruppe von jungen Menschen Anfang zwanzig radelt mit ihren Mountainbikes an uns vorbei. Sie tragen keine Rucksäcke, nur Sportkleidung, Caps und Sonnenbrillen. Ein Grüßen und Nicken und von einem Moment auf den anderen sind sie auf und davon.

»Gibt es hier eigentlich auch Wanderer?

»Keine Ahnung. Die bevorzugen hier wohl eher das Fahrrad«, antwortet Hauke.

»Vielleicht ist den meisten das auch zu weit zu Fuß aus Banff heraus.«

»Ich freu mich auf die Dusche.«

»Oh ja. Und was Fetthaltiges zu essen. Hauptsache keine Nudeln. Die hängen mir zum Hals heraus. Vielleicht gibt es da ein Restaurant mit Burgern.«

»Davon gehe ich aus. Banff ist eine Kleinstadt.«

»Trotzdem ist das seltsam. Quadratkilometerweite flächendeckende Wildnis und dann – zack – steht da eine Stadt, mitten im Nirgendwo.«

Der Weg macht eine scharfe Kurve und verläuft gradlinig auf einen fast ausgetrockneten Fluss zu. Wieder schallt das lauter werdende Klackern von Pedalen durch das Tal. Eine Gruppe junger Frauen überholt uns. Sie sind in unserem Alter, zum Teil ein paar Jahre jünger. Ihre blonden und braunen langen Haare leuchten in der Mittagssonne und wehen im Fahrtwind. Die eng anliegende Funktionskleidung scheint hauchdünn zu sein. Ihre freudig strahlenden Gesichter in unsere Richtung bringen mich zum Lächeln. Mein Blick wandert von einem Gesäß zum anderen.

Ich atme tief ein, puste in einem langen Zug die eingeatmete Luft hinaus und wende mich zu meinem Wanderkollegen. »Oh, hallo. Wo wollen die denn hin?«

»Sicher nach Banff. Wohin sonst?«

»Irgendwie freunde ich mich immer mehr damit an, dass wir nun doch nach Banff gehen.«

»Hä? Du wolltest doch eigentlich gar nicht so gern nach Banff. Ist doch eigentlich nur, um die Waldbrände zu umgehen.«

»Och, öh ... wenn wir schon mal hier sind.«

AUßERIRDISCHE

Am Bow River, Banff Nationalpark,
nachmittags

Der Wanderweg am Flusslauf des *Bow River* ist bezwungen. Campingmobile, Jeeps und Pkws mit Dach-
boxen haben den asphaltierten Parkplatz in Beschlag
genommen. Wir überqueren ihn und können die kantige
Dachkonstruktion eines monumentalen Luxusgebäudes
erkennen. Es sieht aus wie ein jahrhundertealtes Gemäu-
er, in dem Dracula wohnt und nur nachts herauskommt,
zur bärenaktivsten Zeit, um sein Unwesen in den Bergen
zu treiben.

Das Rauschen des *Bow River* wird durch die Motorengeräusche der an uns vorbeifahrenden Autos übertönt.
Willkommen in Banff. Ein Fleck Zivilisation mitten in
einer riesigen wilden Bergwelt, wie aus einem perfekten
Bilderbuch. Wir überqueren die Brücke, über die die
Banff Avenue führt. Nur der mächtige Berg im hinteren
Bereich der Kleinstadt mit seinen dinosaurierartigen
Zacken lässt alles kleiner und noch unwirklicher erscheinen. Ich gucke weiter hoch zum dreitausend Meter
hohen *Cascade Mountain*. Nur ein Drittel seines Berg-
massives ist bewaldet, der Rest ist hellgraues Gestein,
als ob er mit muskulösem nackten Oberkörper dasteht
und auf Banff hinabschaut.

Die kanadische Flagge mit dem roten Ahornblatt und
unzählige lila Fahnen zum hundertfünfzigsten Jubiläum
des Landes wehen am Straßenrand im Wind.

Bei der ersten Kreuzung strömen aus jeder Richtung Menschen zur *Banff Avenue*. Gibt es hier etwas umsonst? Die Ampel an der Kreuzung springt auf Grün. Auf die Plätze, fertig, los. Im Schnellschritt überqueren Menschen aller Nationalitäten, ausgestattet mit prall gefüllten Einkaufstüten, die Straße. Wortfetzen, asiatisch oder im tiefen, langgezogenen amerikanischen und kanadischen Sprachstil vermischen sich. Ein Gedränge von hinten und von vorne. Auch deutsche Wörter ertönen im Vorbeigehen wie ein vorbeifahrender Güterzug. Mittendrin Hauke und meine Wenigkeit, verstummt, ab und an kreuzen sich unsere Blicke.

Plötzlich schaut uns ein Asiate an und bleibt stehen. Er lächelt und fragt, ob wir von den Bergen kommen. Wir antworten kurz. Im Weggehen schaut er versteinert auf unser am Rucksack befestigtes Bärenspray.

»Wo müssen wir lang?«

»Mein GPS sagt, bei der nächsten Kreuzung links zur Bear Street und dann ist es nur noch ein Katzensprung.«

»Was? Bärenstraße?«

»Ja. Kein Witz. Und es gibt hier auch die Wolf Street, Beaver Street und die Elk Street. Die haben hier wohl nicht mehr alle Latten am Zaun.«

Und da ist unser Ziel: der *Nesters Market*, unweit der *Banff Avenue*. Vereinzelt gehen Leute durch die schwarz gerahmte Glasschiebetür, die sich automatisch öffnet und schließt.

»Du bist der Erste, Dominik. Genieße es.«

Hauke setzt sich auf die Bank am Wegesrand, auf die

wir unsere beiden Rucksäcke gestellt haben. Ich gehe entschlossenen Schrittes in den Supermarkt.

Hunderte von Waren liegen eng aneinander in den Regalen. Beim Obst und Gemüsesortiment, ausgestattet mit wohl allen Früchten der Erde, bleibe ich erstarrt stehen. Ich habe etwas vergessen, das für manche mit das Wichtigste im Leben ist. Ich verlasse den *Nesters Market*.

»Hast du gar nichts gekauft?«

»Habe was vergessen«, lache ich und krame aus meinem Rucksack ein paar kanadische Dollar heraus.

Im Supermarkt nehme ich eine Chipstüte vom Regal, eine Cola und bestelle an der Theke zwei spanische Empanadas.

»Was hast du da für komische Teigtaschen?«

»Ach, das ist nur so was mit Fleisch, Zwiebeln, Erbsen und so gefüllt.«

Auch Hauke verschlingt mit einem Lächeln, nachdem er wieder aus dem Supermarkt kommt, seinen erworbenen Snack.

»Lass uns gleich zur Touristeninformation.«

»Und da?«

»Na, die Kohle für die Campgrounds zurückverlangen ...«

»Ja, der Plan, auf den Campgrounds im Verdant-Creek-Tal zu pennen, ist ja quasi verbrannt ... Ist nur die Frage, ob die uns das Geld so ohne Weiteres zurückgeben.«

»Wir versuchen es.«

Zurück im Getümmel gucken uns vereinzelt ein paar Touristen von oben bis unten an. Mit unseren großen Rucksäcken, den festgeschnallten Zeltpacksäcken und den zwischen Schultergurt und Rücken steckenden Trekkingstöcken unterscheiden wir uns von der übrigen Bevölkerung. Zudem haben wir seit dreizehn Tagen nicht geduscht. Wer kann das sonst von sich behaupten? Kein anderer Fußgänger hat einen Rucksack in unserer Größenordnung, geschweige denn ein Bärenspray.

Die Gerüche von den Schnellimbissen am Straßenrand und den parfümierten Menschen ringsherum sind prägnant anders als im Wald. Weder die frische Kälte eines Flusses noch der verbrannte Holzgeruch des *Verdant-Creek*-Waldbrandes liegt in der Luft. Wir befinden uns in einer anderen Welt mitten in der Wildnis. Sind wir Außerirdische in einer anderen Zeit, mit anderer Schwerkraft?

Auch die Touristeninformation scheint aus einer anderen Zeit zu sein. Sie sieht aus wie eine Almhütte in Österreich mit ihren braungestrichenen Querbalken im weißen Mauerwerk. Wir stehen am Schalter und gucken der Angestellten von *Parks Canada* erwartungsvoll ins Gesicht, nachdem wir unsere Bitte vorgetragen haben. Nach einem kurzen Lächeln wendet sie sich wieder dem vor sich stehenden Bildschirm zu und fängt an zu tippen. Sie geht hinter dem Tischpult zu einem Drucker, der bereits ein knatterndes Geräusch von sich gibt und legt uns ein paar Zettel hin. Nach kurzer Unterschrift erhalten wir unser Geld zurück.

»Ich nehme die Kohle erst mal an mich. Wir können das ja nach der Tour auseinanderrechnen. Vielleicht investieren wir die Scheine nachher auch in Bier.«

»Hauke, das ist die beste Idee, die du jemals hattest.«

HOMERUN

Im Wild Bill's Saloon, Banff,
abends

Die aufwendig im Westernstil gestaltete Menükarte liegt auf dem lackierten Holztisch. Der in weißbraun gehaltene *Wild-Bill's*-Schriftzug wird mit einem Cowboy in blauem Jeanshemd, Hut und einer Pfeife im Mund dargestellt. Er schaut mich direkt an. Stimmengewirr, vorwiegend kanadischer Slang ist zu hören. Im Hintergrund wird auf mehreren Fernsehern ein Baseballspiel übertragen. Es riecht nach Angebratenem.

»Was heißt denn … Ich kann es nicht mal aussprechen.«

»Keine Ahnung.«

»Hm … es klingt auf jeden Fall nicht nach Nudeln, also nehme ich das. Ganz klar.«

»Und wir gönnen uns natürlich ein Bier.«

»Ich wollte eigentlich nicht trinken. Morgen früh muss ich fit sein. Für mich geht die Tour doch morgen weiter.«

»Wir betrinken uns ja nicht … nur ein Bier. Außerdem ist das jetzt mal die einmalige Gelegenheit, ein typisch kanadisches Blondes zu verköstigen.«

»Überredet.«

Aus den Boxen von der Bühne ertönt Countrymusik mit Gitarrenklang, einer tiefen männlichen Gesangsstimme und einer stockend erklingenden Mundharmonika. Sicher kommt gleich ein grimmiger Cowboy mit seinem Colt in der Hand zu uns rüber, um uns herauszufordern.

Mein Blick wandert erneut zum Bildschirm bei den Boxen. Der Spieler des angreifenden Teams trifft den Ball mit dem Baseballschläger und rennt. Wird das jetzt ein Homerun?

»In Deutschland ist das nur eine Randsportart.«

»Ist ja auch nicht so spannend, aber die haben schon echt ganz nette Caps …«

Nach Bestellung von zwei Menüs und zwei kanadischen Bieren knurrt mir langsam immer mehr der Magen. Nach zwei Wochen fast ausschließlich Tütennahrung sticht der Bratenduft in der Nase.

Die Bedienung präsentiert uns zwei kühle dunkle Bierflaschen. Wir, die beiden Norddeutschen fern der Heimat, stoßen an.

»Auf den Great Divide!«

»Prost!« Nach einem großen Schluck des kühlen kanadischen Bieres fahre ich fort: »Hast du dir schon überlegt, was du die nächsten Tage so anstellst?«

»Ja … also, ich bleibe hier in Banff. Weiter außerhalb ist ja dieser Campground, von dem ich dir erzählt habe. Da werde ich morgen hingehen. Ist deutlich günstiger.«

»Die Gegend kann man hier sicher noch gut auskundschaften.«

»Arbeiten ist angesagt.«

»Warum?«

»Ich muss noch Schulunterricht vorbereiten.«

»Du hast doch Urlaub.«

»Wenn ich in vier Tagen wieder in Deutschland bin, bleibt mir jedoch nur ein halber Tag zur Vorbereitung des Schulunterrichts. Und mit meiner Freundin will ich ja auch noch ein bisschen Zeit verbringen.«

»Verstehe.«

»Hast du vorhin eigentlich alles an Ausrüstung zusammenbekommen?«

»Ja, es war ganz schön stressig. Habe alles bekommen. Eine Luftmatte, eine Wasserblase mit Trinkschlauch und ich habe mir noch ein langärmliges Merinoshirt gekauft.«

»Ja, es wird jetzt langsam kälter.«

»Bin auf den Wintereinbruch vorbereitet, sollte er kommen. Kann ich dir meine dünne Isomatte und ein paar Wanderkarten mitgeben?«

»Klar. Die Karten der letzten zwei Wochen brauchst du ja nicht mehr. Dann ist dein Rucksack leichter. Ich gebe sie dir dann in Deutschland zurück.«

»Du bist der Beste. Kannst du noch die Sache mit dem Käse am Cache-Creek-Campground der Polizei melden?«

»Ja, oder dem Wanderverein. Ich kümmere mich drum.« Der Kellner mit dem Saloon-Logo auf der schwarzen Schürze kommt mit zwei Tellern.

»Bitte nicht.«

»Das hast du aber bestellt.«

»Och nö …«

»Und jetzt?«

»Das war ein Missverständnis. Kannst du mir stattdessen irgendeinen Burger bringen? Bitte.«

»Okay.«

»Danke.«

Sobald der Kellner wieder in Richtung Bühne verschwindet, fängt Hauke an zu lachen. »Ausgerechnet dein Essen musste ein Nudelgericht sein …«

»Katastrophe.«

Lebenszeichen

Es ist Abend. Wir befinden uns im *YWCA Hotel* am *Bow River*. Nach einer langen warmen Dusche und dem Sortieren der Wanderausrüstung auf dem Teppich kommt nun der Gruß in die ferne Heimat. Ich schalte mein Smartphone ein. Ein vertrautes Gefühl, dieses Hightech-Wunder in den Händen zu halten. Ich öffne meine gerade installierte Mailapp, diesmal funktioniert der Login. Ich fange an zu schreiben:

Hallo Mama und Papa!
Herzliche Grüße aus Kanada. Wir sind gerade in Banff, einer kleinen Stadt voller Japanern in den Rockies :-)
Mir geht es super. Hat alles gut geklappt soweit. Heute war der 13. Wandertag mit einem 33 Kilometer langen Tagesmarsch. 14 Tage stehen noch auf meinem Plan.
Sind vom Crownsnest-Pass bis Kananaskis Lakes gewandert, dann weiter nach Norden auf dem Great Divi-

de Trail. Die erste Woche war sehr hart. Sehr anstren-
gend. Mussten drei Wandertage umplanen, da in einem
bestimmten Tal das sogenannte Verdant-Creek-Feuer
tobt. Rauchschwaden konnten wir bereits zwei Tage
zuvor sehen. Wir sind dann in zwei andere Täler ausge-
wichen und nun geht es morgen über Banff zum Great
Divide Trail zurück und dann weiter Richtung Norden.
Um die große Frage aller Fragen zu beantworten: Nein,
wir haben keine Bären gesehen. Wir kennen uns diesbe-
züglich jetzt sehr gut aus und hängen brav das Essen in
die Bäume. Das Beste, was wir bisher in der Ferne ge-
sehen haben, war ein Wolf. Wetter nur Sonne. Ein Tag
Regen. Die Rockies sind wunderschön.
Macht euch keine Sorgen.
Liebe Grüße
Dominik

Noch während die Geräusche der wenigen an unserem
geöffneten Hotelfenster vorbeifahrenden Autos in der
Nacht verklingen, denke ich an morgen. Wird es klappen, die Waldbrände zu umgehen, wenn ich auf der
gekrümmten Linie von meiner Wanderkarte, der Sichel
des Sensenmanns, weitergehe? Alleine und völlig auf
mich selbst gestellt?
Von meinem Bettnachbarn kommt ein über das Laken
reibendes Geräusch. Auch er sucht alle paar Minuten
eine neue Liegeposition, während das sich spiegelnde
Scheinwerferlicht der Autos durch die Schlitze der Gardinen scheint.

Kapitel 5

ASCHE ZU ASCHE – STAUB ZU STAUB

YWCA Hotel, Banff Town, Banff Nationalpark,
26. August

Der verschlafene Morgen des vierzehnten Wandertages macht uns ein Geschenk: Rührei in Fett gebraten, Toast, Fleischbällchen und ein mir aus England bekanntes Übermaß an geröstetem Speck. Die Bedienung schenkt von sich aus mit einem freundlichen Lächeln meinen leer getrunkenen Kaffeebecher sofort nach. Während ich das heiße, duftende Schwarz zu mir nehme, schwappt es hin und her. Wenige Minuten später betritt Hauke mit einem verschlafenen Blick den fast menschenleeren Speiseraum und lässt sich mir gegenüber am Tisch nieder. Auch er lächelt, als vor seiner Nase ein prall gefüllter Teller und ein duftender Kaffeebecher stehen.

Die gestern noch mit Tausenden von Menschen überfüllten Straßen mit Tiernamen sind an diesem Morgen leer. Auch auf der *Banff Avenue* sind nicht mal eine Handvoll Menschen zugegen. Hauke, mit Vollbart und seinem blaubraunen Cap, begleitet mich ein Stück aus der Stadt heraus.

»Du siehst so nackt aus.«

»Warum?«

»Na ja, so ganz ohne Rucksack«, lache ich.

»Ja, das ist ein ungewohntes Gefühl am Rücken. So leer.«

Da ist er wieder, der *Cascade Mountain* mit seinem nackten muskulösen Oberkörper. Die gerade erst erwachte Sonne bestrahlt ihn mit müden Strahlen. Auf einem Fußgängerweg am Stadtrand geht es geradewegs auf ihn hinzu, bis wir in westlicher Richtung am *Bow River* Banff hinter uns lassen.

»War eine Hammertour«, meint mein Wanderfreund.

»Eine Bombe war das, Alter. Wir sind in den zwei Wochen gar nicht aneinandergeraten. Schade. Ich dachte, wir streiten uns mal so richtig«, lache ich und auch Hauke reagiert mit einem schallenden Lachen.

Der *Bow River* ist am Wegesrand zu einem See geworden, mit Schilfflächen und Tausenden an der Wasseroberfläche tanzender Moskitos. An einigen Stellen am Ufer stehen Touristen und fotografieren die morgendliche Ruhe des Sees.

Hauke bleibt stehen. »Dann habe mal noch eine richtig geile Zeit, Dominik. Du machst das schon.«

»Danke für alles. Hat Spaß gemacht mit dir.«

Ich reiche ihm die Hand. Ein fester Händedruck. Die Kamera fängt das Abschiedsfoto mit zwei lächelnden bärtigen Sonnenbrillenträgern mit wettergegerbten Gesichtern ein.

»Viel Glück.«

»Hau rein. Grüß' mir Deutschland.«

ALLEINGANG

Am Trans-Canada-Highway, vormittags

An die vier Meter hoch und mitten über dem asphaltierten Fußgängerweg verlaufend, steht die riesige Konstruktion vor meiner Nase. Ein beidseitig fallender Schatten macht sie noch größer und markanter. Blitzartig denke ich an die Unterhaltung mit Hauke am Vortag, an das Tal am *Mount Rundle*, welches scheinbar wildtierfrei gemacht wurde. Wir waren uns nicht sicher, ob es wirklich das Tal ist, das eingezäunt wurde. Ich schaue mich um. Der breite Schatten sticht mir erneut ins Auge. Hier ist das Ende des Tals. Ich blicke auf der rechten Seite Hunderte Meter weiter. Dorthin, wo der schroffe bewaldete Hang einen neuen Abschnitt in die Landschaft schneidet. Ich nicke und drehe mich ein letztes Mal zum *Bow River*: *Tschüss, Banff. Tschüss, Hauke.*

Ich gehe zum Schatten, öffne das Eisenschiebeschloss, das blechern quietscht, und drücke die schwere Stahltür auf. *Achtung. Wilde Tiere. Bitte lassen Sie diese Tür geschlossen* steht auf dem an der Mauer hängenden Schild. Was soll mir das sagen? Jetzt soll man achtsam sein vor wilden Tieren? Und vorher brauchte ich das nicht zu sein? Ich haue die fiepend knirschende Tür hinter mir zu und schiebe das Türschloss bis zum Anschlag fest. Ein dumpfer Ton vibriert aus dem Stahlkoloss.

Auf der anderen Seite des Zauns sehe ich, wie lang diese Stahlwand ist. Im Weitergehen tauchen Gedanken auf: an die Fahrradfahrer am *Mount Rundle*, an den aufgeräumten Schotterweg, die vielen Läden in Banff und die Menschenmassen mit ihren prall gefüllten Einkaufstüten.

Weiter geht es am *Highway One* zum davon weiterverlaufenden *Highway One A* auf dem Gehweg in nordwestliche Richtung. Zurück zum *Great Divide Trail*, in die Wälder, wo ich hingehöre.

Unmöglich, heute die vierundsechzig Kilometer zurück in die Berge zu gehen. Daumen raus.

STAUBWOLKEN

Nahe der Johnston-Canyon-Schlucht

Dutzende von parkenden Autos stellen beidseitig die Seitenstreifen der Hauptstraße zu. Autos fahren im Schritttempo und drehen um. Am linken Straßenrand steht eine Rangerin in bekannter grüner Kluft. Sie hat eine gelbe Warnweste übergezogen und redet in ihr Funkgerät.

»Hier scheint es zu sein«, sagt der Fahrer der Gruppe Jugendlicher aus Kanadas Nachbarland.

Sie haben gerade ihren Abschluss an der High-School gemacht und fahren bereits seit Tagen durch Nordamerika. Ziellos. Wir verabschieden uns mit Shakehands.

Von allen Seiten strömen Menschen mit kleinen Rucksäcken und Sonnenbrillen herbei. Selten ist ein Gurt mit

Bärenspray um die Taille gebunden. Es ist der *Johnston Canyon*, auf den es die Leute abgesehen haben, überwiegend Japaner. Eine Gruppe von ihnen befindet sich vor dem grauweißen kleinen Gebäude am Rande des Parkplatzes.

»Hey, Dominik. Du schon wieder«, erklingt es hinter mir in den Waschräumen, während die gestern neuerworbene Wasserblase unter dem Wasserhahn vollläuft. Es ist einer der Amerikaner, die mich fünfzehn Kilometer mitgenommen haben.

»Ah«, gucke ich ihn irritiert an, »äh, euch einen schönen Wandertag.«

Ein Staubfilm des aufgewirbelten Sandes von den ab und an vorbeifahrenden Autos hat sich auf meiner Kleidung festgesetzt. Cap, Sonnenbrille und mein schwarzes Schlauchtuch verdecken Hals und Kopf. Die Kamera fängt diesen Moment ein. Als ob ein Bankräuber auf der Flucht, von Tannenbäumen umgeben, auf einer Straße das Weite sucht. Auch der Bildschirm des GPS-Gerätes mit seiner orangefarbenen Umrandung wurde vom Staub nicht verschont.

Vom *Highway One A* über den *Trans-Canada-Highway* gehe ich bergauf. Immer weiter auf dem *Highway 93* zu den am Horizont verlaufenden Bergen. Mittlerweile ist es später Nachmittag. Keine Wolke am Himmel, nur Staubwolken hängen in der Luft. Der Asphalt flimmert in der Sonne. Die rechts und links vorbeiziehende bergige Vegetation ist vernebelt, wie in einer Raucherkabine. Die weit einsehbare Landschaft gleicht einer Großstadt mit Palästen aus Stein, zum Teil an den oberen Hängen mit Schnee bedeckt.

Vielleicht ist mein Ziel zu weit entfernt. Je älter der Tag wird und je näher die weißverschleierten Berge kommen, desto seltener fährt ein Auto auf dem spärlichen *Highway 93* der tief stehenden Sonne entgegen. Fußgänger sind überhaupt nicht zu sehen. Hat der Brandgeruch die Menschen verscheucht?

AUG' IN AUG'

Am Marble Canyon, Kootenay Nationalpark,
27. August

Nach dem Frühstück, bestehend aus hundertfünfzig Gramm Müsli mit Flusswasser, verlasse ich den im kargen Wald gelegenen Campground, den ich gestern noch kurz vor Sonnenuntergang erreicht habe.

Entschlossenen Schrittes gehe ich weiter auf dem *Highway 93*. Der Gipfel des 2.647 Meter hohen *Vermilion Peak* ist trotz des Bilderbuchwetters, wie gestern Abend, von dicken Rauchschwaden umhüllt. Als ob ich vergangene Nacht am Fuße eines Vulkans gezeltet hätte. Plötzlich fährt mir ein Gänsehautgefühl vom Nacken den Rücken hinunter. Ich bleibe stehen. Mit leicht zittriger Hand ziehe ich meine Kamera aus der Wanderhose und drehe ein verwackeltes Video. Der Grund, der Hauke und mich vor einer Woche zum Umplanen der Wanderstrecke zwang und seit Tagen alles mit einem weißen Schatten ummantelt, ist deutlich zu erkennen: das Höllenmonster der Berge, das mit seinen messerscharfen Fingern nach mir greift und mir in die Augen schaut.

Ich gehe weiter. Je mehr ich mich nähere, desto deutlicher ist der Brandherd am Hang des vor mir stehenden dicht bewaldeten Berges zu sehen. Die seitlich emporsteigenden Rauchwolken malen ein abstraktes Muster in die Luft. Im Gegensatz zu gestern habe ich heute noch keine Löschhubschrauber gehört oder gesehen.

Der *Verdant-Creek*-Waldbrand, der hier seit Tagen Gesprächsthema ist, befindet sich links von mir hinter der Bergkette. Der sich vor meinen Augen ausbreitende lodernde Brandherd reicht auch auf dieser Seite des Tals immer weiter an den *Great Divide Trail*. Breitet sich das Feuer weiter aus?

Jeder Schritt auf dem von der Mittagssonne erwärmten Asphalt fördert meine besorgten Gedanken. Der links und rechts von der Straße gelegene abgebrannte Nadelwald wirkt durch seinen dichten Rauchschleier, von der Sonne durchleuchtet, wie der Schauplatz eines Horrorfilmes. Die verkohlten Äste hängen von den bis zu hundert Meter hohen Baumleichen.

Auf der Talseite des Brandherdes kämpft sich ein breiter Fluss, parallel zum Highway, durch die Überreste des Waldbrandes. Es ist der 780 Kilometer lange *Kootenay River*, der im *Marble Canyon* entspringt und weit in die Territorien von Amerika fließt. Seine aufbrausende Luftfeuchtigkeit ist hoch willkommen.

Längst ist der Brandherd außer Sichtweite und ein grünes Schild lässt mich schneller gehen. Auf einmal sehe ich einen Pfad links von den Bergen aus dem dichten schwarzen Wald kommen. An einem toten Baum und der Stange eines Schildes ist ein rotes Absperrband mit der Aufschrift *Bereich geschlossen – Parks Canada* befestigt.

Mitten auf dem Pfad steht ein großes rotes Schild mit einer dunkelrot umrandeten Karte mit einem Text. Ich hocke mich auf den Boden, lese und betrachte auf der Landkarte die rot eingezeichneten Bereiche des Feuers. Die Regierung schätzt die Größe des Feuers auf ungefähr hundertfünfzig Quadratkilometer, wobei achtzig Quadratkilometer alleine hier im *Kootenay National Park* brannten. Die *Verdant-Creek*-Waldbrände haben sich entlang der abgelegenen südöstlichen Zone des Feuers im *Mount Assiniboine Provincial Park* ausgebreitet, in dem Tal zu meiner Linken. Mit einem erleichterten Seufzer richte ich mich auf und schaue zur anderen Seite des Tals. Ein Trampelpfad führt vom *Highway 93* in den Wald hinein.

BERGGÖTTER

Am Numa Mountain, Kootenay Nationalpark,
mittags

Auf der anderen Seite des Tals geht der *Great Divide Trail* weiter. Über eine Holzbrücke, die über den lauten *Kootenay River* verläuft, erreiche ich einen abgebrannten Wald. Auf dem Untergrund wachsen hier und da ein paar Grünpflanzen, sonst ist alles grau, kahl und tot. Verbrannte Baumstümpfe übersäen diesen Friedhof der Natur. Ich blicke auf die Bergkämme oberhalb von mir: das gleiche Schauerspiel. Hunderte verkohlter Tannen ragen empor. Auf dem anderen Bergrücken, schräg zu meiner Linken, sind es Tausende; eine grauschwarz übersäte Fläche, soweit das Auge reicht.

Unweit der Holzbrücke geht es im Zickzack den Bergrücken hoch. Je höher ich komme, desto mehr Blumen, Grünpflanzen und Tannen zeigen sich zwischen der toten Vegetation. Ihre hellen Farben erscheinen umso kontrastreicher.

Wo sind die Tiere? Weit und breit kein Vogel, kein Eichhörnchen, keine Bärenspuren am Boden. Ich gucke mich um. Als dieses riesige Naturareal gebrannt hat, hatte das sicher den Anblick eines Infernos. Die sich über Kilometer hinwegziehenden schwarzen Rauchwolken und die peitschenden Flammen vermag ich mir nur vage vorzustellen. Eine Apokalypse.

Meine vereinzelten Rufe in der Kargheit sind die einzigen Töne weit und breit. Der dumpfe Klang des Abrollens meiner Wanderschuhe auf dem verkohlten Untergrund ist neben meinen Rufen die einzige Melodie.

Plötzlich höre ich ein Pfeifen genau an einer Stelle, wo der Wanderweg eine scharfe Kurve macht und ein Gestrüpp die Sicht versperrt. Menschen. Ein Pärchen. Beide halten Sträucher voll mit Blaubeeren und roten Früchten in der Hand.

»Hey.«

»Wie weit ist es noch bis zum Floe Lake?«

»Noch weit. Der Anstieg wird noch hart. Doch oben auf dem Berg ist es außergewöhnlich. Eine faszinierende Landschaft.«

»Wo wollt ihr hin? Das Verdant Creek auf der anderen Seite des Tals ist gesperrt wegen der Waldbrände.«

»Wissen wir. Eine Zweitageswanderung haben wir gemacht. Heute geht es zurück zu unserem Auto am Highway 93. Uns reicht das.«

»Verstehe.«

»Probier doch mal von den Blaubeeren und diesen hier.« Die junge Frau zeigt auf die rote Frucht.

»Nein.«

»Wächst hier aber. Du kannst dich überall bedienen.«

»Das fressen Bären. Ich überlasse ihnen das.«

»Dann noch einen schönen Wandertag.«

»Euch auch.«

Das Wanderpaar hat recht. In dieser Kargheit hängen an den zahlreichen tief gewachsenen Grünpflanzen reife Früchte, über das gesamte Areal verbreitet. Weiter oberhalb ist flächendeckend das Weidenröschen in knalligem Pink vertreten. Hunderte von Knospen blühen in der Sonne. Das Leben kehrt an diesen Ort zurück.

Im Zickzack geht es den Berg hinauf. Der markante Einschnitt des staubigen Trampelpfades ist wenige Meter oberhalb versetzt zu sehen. So nah, als könne man nach ihm greifen. Einer der Bergfeuergötter hat sich vor nicht allzu langer Zeit Skier untergeschnallt und ist diesen Berg im Slalom runtergebrettert. Auf der vor mir liegenden Passage muss er hinuntergefallen sein und hat dabei Hunderte von Bäumen mit in die Tiefe gerissen. Der Wanderweg führt ein Stück durch diese auffällige Trasse, gekennzeichnet mit rosa Fähnchen an den zusammengepferchten Bäumen.

»Hey, du«, hallt es den Hang hinunter.

Irritiert schaue ich mich um. War das der Bergfeuergott aus dem Himmel? Wenige Meter oberhalb von mir steht ein Wanderer auf der Zickzacklinie und winkt herüber.

»Hallo, ich bin gleich oben.«

Vorbei an Büschen mit weißblühender Schafgarbe, die sich zwischen den toten Bäumen entfalten, nähere ich mich. Der zu mir hinüberschauende junge Mann trägt einen weit über die Schultern ragenden Rucksack.

»Weißt du, wie weit es noch bis zum Berggipfel ist?«

»Hmpf, weiß nicht genau, der Anstieg soll noch hart werden, habe ich jedenfalls gerade gehört.«

»Na bestens …«

Schweiß läuft ihm die Stirn hinunter. Er senkt seinen Blick zu einem über den Pfad liegenden Baumstamm, schmeißt seinen Rucksack daneben und nutzt die hölzerne Sitzgelegenheit.

»Diese verfluchte Hitze.« Er wischt sich den Schweiß aus dem Gesicht. »So stelle ich mir das in der Wüste vor. Weißt du, ich würde mich am liebsten in einen Fluss legen, doch hier gibt es weit und breit keinen …«

»Hast du denn noch genügend Wasser?«

»Ja. Pisswarmes. Mein Kumpel sitzt bestimmt längst an einer kalten Quelle. Weißt du, der ist ein totaler Wanderfreak.«

Mein völlig durchgeschwitzter Weggefährte mit dem großen Rucksack ist mit seinem besten Kumpel und dessen Sohn unterwegs, die bereits vorweg gewandert sind.

»Ach, ich weiß auch nicht, auf was ich mich hier eingelassen habe. Wurde überredet, weißt du. Ich sollte jetzt woanders sein. Setz dich doch.«

»Ich habe gerade Pause gemacht. Danke.« Langsam steige ich über den Baumstamm und steche die Spitzen meiner Wanderstöcke in den Untergrund.

»Pausen finde ich besser als Wandern. Alle fünfzig Meter gönne ich mir eine Auszeit. Sonst kann man ja gar nicht diesen Ausblick genießen, weißt du.«

»Jeder hat sein eigenes Tempo. Vielleicht sehen wir uns später.«

Mit zügigen Schritten kraxle ich den schmalen Pfad zwischen den kniehohen Büschen weiter aufwärts. Mein Atem wird schneller. Schweiß läuft am Nacken und im Gesicht. Die Waden fangen an zu brennen und jedes

Abrollen meiner Wanderschuhe auf dem trockenen Boden erwärmt meinen Körper in der Abendsonne. Meine Atemmuskulatur arbeitet auf Hochtouren, als ob ich die letzten Meter eines Halbmarathons laufe.

Erfreulicherweise wird der Weg zwei Stunden später flach und schlängelt sich durch den Wald, der nur spärlich mit Tannen ausgestattet ist. An einer noch von der Sonne beleuchteten Felswand führt das kleine Wäldchen vorbei. Einen Kilometer erhebt sich der steinige Rücken des *Floe Peak* vom Wanderweg aus.

Mit müden Schritten gehe ich auf den See zu, der sich direkt neben der schneeverzierten Felswand präsentiert. Hundegebell und Menschenstimmen hallen herüber. Mein Tagesziel ist gleich erreicht. Endlich.

Schnell baue ich mein Zelt auf und gehe zum Ufer des stillen Bergsees. Zwischen die kleinen Gesprächsrunden von jung bis alt setze ich mich an einen alten Holztisch und beginne zu kochen. Einige der Besucher tun das Gleiche. Eine Kochshow in der Wildnis mit Aussicht auf die Felswand, die sich jedem Windstoß in den Weg stellt. Wie geschützt dieser Ort ist. Als ob dieses Tal der sicherste Ort der Welt wäre. Jedes Echo, das von den vereinzelten Stimmen der Menschen entsteht, hallt über den spiegelglatten Bergsee. Die kolossale Felswand reflektiert die Stimmklänge wie in einer riesigen Kirche.

Einer der Berggötter hat auf diesem Plateau am *Floe Lake* bestimmt Jahre dafür gebraucht, die Erdplatten zu verschieben. Seine Arbeit hat Früchte getragen. Das

Resultat ist dieser phänomenale Ort, an dem jeder Moment Balsam für die Seele ist.

Mit erleichterten Atemzügen und einem Lächeln blicke ich immer wieder auf den See.

Ich vernehme Schritte, die sich nähern. Ein fester Handschlag und ein strahlendes, ermattetes Gesicht.

»Du hast es geschafft.«

»Es ist außergewöhnlich hier oben. Gleich geht endlich die Sonne unter«, lacht mein durchgeschwitzter Weggefährte von vorhin.

BEGEGNUNGEN

Floe Lake, Kootenay Nationalpark,
28. August

Ein brummendes Motorengeräusch schallt am Morgen über den *Floe Lake*. Der Campground ist noch im Schatten. Es wird mal wieder ein heißer Tag werden, denke ich, als ich zum knallblauen Himmel aufschaue.

Und da ist das Objekt, von dem in dieser rauen bergigen Einöde ein immer lauter werdendes Geräusch ausgeht: Ein rot-weißer Helikopter fliegt im Sinkflug über den schneebedeckten Hang in Richtung des von Bergen umzingelten Sees, der sich in seiner majestätisch erhabenen Schönheit zeigt. Der Spiegel des *Floe Lake* bricht mit den aufkommenden kleinen Wellen.

Beim Aufbruch zum Tagesmarsch begleiten mich die Trockenheit und die grellen Sonnenstrahlen. Auf zum ersten Pass des Tages. Die nicht vorhandenen Flüsse runden das Bild von Dürre ab. Nicht von ungefähr brennt zwanzig Kilometer südlich von mir der Wald. Da ich morgens kein Wasser aus dem See genommen habe, fehlt mir die nasse Kühlung. Es gibt weit und breit keinen Flusslauf.

Ein steiler, mit zahlreichen kleinen Steinen übersäter Hang liegt vor mir. Ein enger, deutlich erkennbarer Pfad führt zu einer ausgetrockneten Linie, die sich vom Berg hinabschlängelt. Hoffentlich nicht wieder ein toter Fluss. Vorsichtig, langsam und mit größtem Respekt vor dem Steilhang, der gute dreihundert Meter rechts von mir schräg in die Tiefe fällt, stampfe ich, während etliche winzige Steine unter meinen Füßen leicht rutschen, zum markanten Schnitt im Hang des Berges. Es ist so still, dass ich meinen eigenen Atem wahrnehme, während die letzten Steinchen den Hang runterrollen.

Ein leise plätscherndes Geräusch. Ein nur Zentimeter dünner Flusslauf sucht sich seinen Weg durch die Steine tief hinab. Mit Schwung setze ich meinen Rucksack ab und trinke. Mein Körper wird innerhalb weniger Sekunden von einem erfrischenden Gefühl heimgesucht, was mich mit tiefer Freude erfüllt. Das ist es. Mehr brauche ich nicht.

Mit einem Lächeln setze ich mich im Steilhang auf einen Stein. Was für ein Ausblick! Wie riesig ist der *Floe Lake*? Auf der einen Seite schade, dass ich ihn schon wieder verlasse, andererseits habe ich ja ein Ziel. Und das ist noch sehr weit von hier.

Ich fülle meine Wasserblase randvoll, satte drei Liter.

Bei der ersten Fußbewegung auf dem Rückweg am Hang zum Wanderweg rutschen etliche Steine hinab in die Tiefe. Eine kleine Lawine von Steinchen folgt. Auch der zweite Schritt hat es in sich. Ich verlagere meinen Oberkörper zum Berg hin, so wie ich es im Skikurs im Zillertal in Österreich gelernt habe, und erklimme teils auf allen vieren den schräg versetzten Hang. Mit bedächtigen Schritten gehe ich weiter schräg seitwärts hoch auf einem Teppich aus Tausenden winziger Steine. Geschafft! Diese verdammte Hitze. Auch mein fast komplett aufgeknöpftes Hemd bringt nicht viel.

Der Ausblick oben am Hang auf das komplette überdimensionale Tal, das ich hinter mir lasse, erfüllt mich mit Demut. Die Silhouetten der Bergkämme brechen das sonnenüberflutete Ambiente des *Floe-Lake*-Tals.

Ein Rumoren ertönt durch das nächste Tal. Es ist nichts zu sehen, wovon dieses Maschinengeräusch ausgehen könnte. Kein Hubschrauber. Kein Flugzeug. Welches Gerät aus Menschenhand verirrt sich sonst in dieser Natur?

Je tiefer mich der Wanderweg im Zickzack den Hang hinunterführt, desto deutlicher wird es. Hier und da lässt das Geräusch nach, Sekunden später erklingt es von Neuem, ohrenbetäubend, blechern.

Ein umgefallener mächtiger Baum versperrt mir den Weg. Das Wurzelkleid hängt über einem Erdloch. Die dicke Rinde gleicht der Panzerung einer Riesenschildkröte. Wie eine Ameise kraxele ich hinauf und springe mit einem Satz hinten wieder runter.

Weiter unterhalb bewegt sich etwas. Ich traue meinen Augen nicht: Dort steht eine Frau alleine im Dickicht, mitten in dieser bergig bewaldeten Landschaft. Sie trägt keinen Rucksack und scheint einen riesigen umgefallen Baum zu umarmen. Bin ich jetzt verrückt? Meine Schritte werden schneller.

Vielleicht ist sie es ja. Meine Traumfrau. Ist das nicht mein ursprünglicher Plan gewesen, die Wälder hier in den Rockies nach ihr zu durchsuchen? Diese Gegend erfüllt sicher alle Kriterien der Romantik. Besonders bei einem Sonnenuntergang passiert hier sicher so einiges. Hätte ich jetzt noch ein Pferd dabei, wie die Cowboys in der ersten Woche …

Doch ich habe kein Pferd dabei und verfüge eher über einen ungepflegten Bart. Und was ist das für ein Geruch? Meine Kleidung?

Ich nähere mich meiner Entdeckung und bleibe stehen. Sie hat eine Motorsäge in der Hand. Das ohrenbetäubende Geräusch nehme ich erst jetzt wirklich wahr. Die leicht bekleidete und an den Armen komplett tätowierte junge Frau dreht ihren Kopf in meine Richtung und der ohrenbetäubende Lärm klingt ab.

»Hey, hey«, begrüßt mich meine Entdeckung, als ob mich einer meiner Freunde lauthals nach langer Zeit wiedersehen würde.

»Hey du … Also … Du hast den besten Arbeitsplatz der Welt. Ernsthaft.«

»Ist ganz nett hier.«

»Ganz nett? Beneidenswert.«

»Ich arbeite für Parks Canada und habe für drei Tage den Auftrag bekommen, hier tote Bäume, die über dem Trail liegen, zu zersägen.« Sie sagt auch dieses Wort, das ich bereits ein paar Mal von anderen Kanadiern gehört habe, wenn es um tote Bäume geht: *deadfall*. Dieses Wort, das ich bisher nur hier in den Bergen gehört habe.

»Und du bist völlig alleine?«

»Ja. Dieser Auftrag ist harte Arbeit, sage ich dir, besonders bei diesem Wetter. Wo bist du heute früh gestartet?«

»Floe Lake.«

»Hast du auf dem Weg von Floe Lake tote Bäume gesehen, die über dem Trail lagen? Also solche von diesem Kaliber hier?« Sie guckt auf den bis zur Hälfte durchgesägten Riesenbaumstumpf. Ihre überdimensionale Motorsäge steckt im Spalt.

»Zwei Stück. Und wo bist du heute hergekommen?«

»Tumbling Creek.«

»Und von da bist du den ganzen Weg zu Fuß?«

»Wieso?«

»Na ja, diese fette Motorsäge hier die Berge rauf und runter zu schleppen ist recht schwer.«

»Es ist schwieriger, diese Bäume durchzusägen.«

Ich schaue mich um. Natürlich hat sie einen Rucksack, er steht direkt neben dem Riesenbaum. Sie scheint jedoch kein Bärenspray dabei zu haben, dafür eine Motorsäge mit einem gigantischen Sägeblatt. Ich werde mich weiter bemühen, nett zu ihr zu sein, das ist hier wohl der beste Ort der Welt, um eine Frau kennenzulernen, sie gleich mit auf Wanderung mitzunehmen und … vielleicht wohnt sie ja in der Nähe. Würde mir alles sehr passen. Meine Chance, die heiß begehrte Gunst einer Frau zu erlangen, ist hier natürlich auch *sehr groß*. Ich habe mich seit Tagen nicht gewaschen, geschweige denn meine Klamotten, und habe wenig Zeit.

Nach einem kurzen Moment des Schweigens und des sich Anlächelns sagt sie: »Dann hab' noch eine schöne Wanderung. Alles Gute.«

»Dir auch. Viel Erfolg noch beim Sägen.«

Nach ein paar Schritten weiter über den mit Sägespänen übersäten *Great Divide Trail* drehe ich mich ein letztes Mal zu der Motorsägenfrau um. Sie arbeitet schon wieder weiter und lässt die Luft dröhnen.

Stundenlang geht es durch Wäldchen, die auf dem Rücken der Berge in knallhellem Grün bis zu den Berghängen alles eingenommen haben. Bin ich jetzt im Auenland und gleich kommt ein Kobold mit einer riesigen Nase und einem Wanderstock in der Hand auf mich zu?

Wieder geht es bergab und ich höre eine Unterhaltung durch den dichten Wald. Sind das jetzt die Kobolde? Nein. Eine Großfamilie. Vier Kinder, die Mutter und der vollbärtige Familienvater kommen mir entgegen. Die

Kinder und die Mutter gehen voran und der Vater bleibt stehen und schaut mich lächelnd an.

»Guten Tag, der Herr.«

»Hey. Weißt du, wie weit es noch zum Tumbling Creek ist?«

»Das ist noch sehr weit. Wir sind erst vor einigen Stunden losgegangen. Ganz alleine unterwegs?«

»Ja, seit drei Tagen. Und zwei Wochen davor mit einem Tourpartner.«

»Und wo ist dein Tourpartner jetzt?«

»Er muss arbeiten. Der ist Mathe- und Sportlehrer. Mittlerweile ist er sicher schon wieder auf dem Heimweg. Und du bist mit deiner ganzen Familie hier wandern?«

»Ja. Alle zusammen. Ein Abenteuer für die Kinder.«

»Außergewöhnlich. Alles richtig gemacht.«

»Du bist kein Kanadier. Das kann ich hören. Woher kommst du?«

»Europa. Deutschland.«

»Ah, Deutschland. Meine Vorfahren sind deutsch. Das ist sehr weit von hier entfernt, dein Land. Vermisst du es?«

»Nee, kein Stück. Diese Wildnis ist etwas, was ich in dieser Größenordnung nicht kenne. In Nordeuropa war ich in den Bergen, doch das ist nicht vergleichbar mit deinem Land. Und die Kanadier sind so ... na ja, sehr freundlich und warmherzig.«

»Die Deutschen sind auch freundlich, jedenfalls die, die ich bisher getroffen habe.«

»Und bis wohin geht ihr noch?«

»Bis Floe Lake und dann zu unserem Auto. Es steht an der Straße.«

»Floe Lake ist wunderschön. Da habe ich letzte Nacht geschlafen. Und ... ich glaube, das ist so die Standardfrage hier draußen: Habt ihr Bären gesehen?«

»Ja, einen, gestern am Tumbling-Creek-Campground.«

»Wo war er?«

»In der Nähe vom Fluss, da kommst du nachher auch dran vorbei. Das ist direkt am Campground. Der Grizzly hat, nachdem wir alle zusammen Geräusche gemacht haben, das Weite gesucht. Du, ich muss mal weiter. Meine Familie macht sich sonst Sorgen.«

»Alles Gute.«

»Dir auch. Denk immer dran: Einfach einen Fuß vor den anderen setzen.«

Und rasch ist er weg. Nur noch die Bäume mit ihrem Gewand aus Rinde und Moos schauen mich an.

Die Sonne neigt sich langsam und nur noch ein paar vereinzelte Lichtstrahlen scheinen am Berghang zum Wanderweg herüber. Vorbei an einem Gletscher, der sich an einen Berggipfel krallt, gehe ich den letzten Sonnenstrahlen entgegen. *Einfach einen Fuß vor den anderen setzen*, denke ich. Was ist das für eine Weisheit? Ich schüttle den Kopf.

Am Fuße des Gletschers hat sich ein spiegelglatter Gletschersee gebildet, von dem ein Fluss ins Tal fließt. Der Weg geht dicht am Gletscherfluss entlang nach unten.

Von Weitem sehe ich zwei Menschen am Fluss sitzen. Einer von beiden wäscht sich mit nacktem Oberkörper, der andere sitzt auf einem Stein und schaut in den dichten Wald. Beim Vorbeigehen auf der anderen Seite des Flusses begrüßen wir uns.

Kurze Zeit später erreiche ich den *Tumbling Creek Campground*. Vier Männer in meinem Alter sitzen auf Holzbänken an einem Tisch und unterhalten sich.

Einer von ihnen schaut zu mir herüber. »Hey. Du arbeitest also fleißig …«

»Arbeiten? Das Wandern? Das bezeichnest du so?«

»Muss gemacht werden …«

»Wandern ist für mich keine Arbeit.« Irritiert gucke ich in die Runde der vier Wanderer und kann ihre Blicke nicht einordnen.

Ich folge dem Trampelpfad, der über den *Tumbling Creek Campground* führt. Lediglich fünfzig Meter entfernt vom Plumpsklo ist noch Platz für mein Zelt. Ich werfe den Packsack meines Zeltes auf den Boden und fange mit dem Aufbauen an.

Mit einem tiefen Seufzer betrachte ich den Zelteingang.

»Entschuldigung. Äh, blöde Frage: Hast du zufälligerweise Klebeband dabei?«, sage ich zu meinem Zeltnachbarn. Es ist einer der Wanderer, die vorhin am Tisch saßen.

Irritiert guckt er mich an. »Ich dachte, Ranger haben so was immer mit dabei …«

»Das war vorhin, glaube ich, ein Missverständnis, mein Freund. Ich bin kein Ranger.«

»Ach so. Du sahst so aus, als ob du gerade von einem Arbeitseinsatz gekommen bist, wie die Frau mit der Motorsäge, die wir vorhin getroffen haben.«

»Witzig, dass ihr mich verwechselt habt«, lache ich.

»Mein Englisch ist auch nicht besonders gut. Ich bin Europäer.«

»Hier.« Er reicht mir seinen Wanderstock, an einer Stelle umwickelt mit schwarzem Klebeband.

Ich reiße ein Stück mit den Zähnen ab. Wenige Momente später ist das Zwei-Euro-Stück-große Loch an meinem Zelteingang geflickt.

Es dauert nicht lange, bis sich die Sonne neigt und hinter den Berghängen verschwindet. Der Gletscher und die ringsherum emporagenden Felshünen werfen innerhalb weniger Minuten ein Dämmergrau über das Tal.

Bereits lange vor der totalen Dunkelheit liege ich in meinem Schlafsack und lese. Meine übergestülpte Stirnlampe spendet ein schwaches Licht auf die Zeilen des Büchleins von *Henry David Thoreau*. Seite um Seite verschlinge ich, bis ich es zuklappe und einen kurzen Blick auf die nächste Wanderkarte werfe.

DIE PROPHEZEIUNG

Zum Rockwall Pass, Kootenay Nationalpark,
29. August, sieben Uhr

Der erste Wanderer, der den *Tumbling Creek Campground* im Morgengrauen verlässt, bin offensichtlich ich.
Der Morgentau liegt mit seinem ruhigen Schleier über
dem Zeltplatz. Die wenigen Gleichgesinnten, die sich im
Küchenbereich tummeln, schauen mir mit großen Augen
nach. Ein Wanderer mit einem verschlafenen Gesicht und
einer Zigarette in der Hand nickt mir grinsend zu.
Heute habe ich keine Lust zu singen. Die Musik aus
meinem Smartphone erklingt beim Anstieg im Wäldchen hinter dem Campground.

Nach einer Stunde erreiche ich das Plateau vom *Helmet
Mountain*. Eine exorbitante Fläche aus Geröll und kilometerweiten Wiesen. Das Lied *Bonbon aus Wurst* von
Helge Schneider ist die Begleitmusik auf dem klar erkennbaren Pfad auf dem Plateau.
Kein anderer ist im Morgengrauen unterwegs. Der rötliche Horizont mit dem rot leuchtenden Mond hat eine
meditative Ausstrahlung. Die Sonne ist bis hier oben
noch nicht gekommen.
Auf 2.240 Meter geht es weiter auf der schattigen, röt-
lich erhellten Fläche, die aussieht wie auf einem anderen Planeten. Ich schaue über die gigantische Wiese
hinweg. So der Berggott will, wäre jetzt der perfekte
Moment einen Bären zu sehen.

Mit bester Laune geht es weiter neben den Kathedralen aus Stein und Schnee zu irischer Dudelsackmusik auf eine Steinwand zu. Der massive lange Kalksteinfels ragt neunhundert Meter parallel zum Wanderweg in die Höhe.

Nach Stunden des Staunens über den *Rockwall Pass* knallt ein Wasserfall von weit oben den Hang herunter: Der *Helmet*-Wasserfall, der das Tal, in das ich absteige, mit einer angenehmen Frische besprüht.
Unten im Tal mache ich mir eine warme Mahlzeit zu Mittag. Ein intensiv riechender Duftschwall des Nudelgerichts steigt in die Höhe. Ein Mix aus dreihundert Gramm Cashewkernen, Rosinen, Preiselbeeren, Mandeln, Kürbis- und Sonnenblumenkernen ist kurze Zeit später ebenfalls verdrückt.

Nach all den Stunden ist der Akku meines Smartphones fast leer. Ich schalte es im Gehen aus und der dichte Wald muss nun mit meinem Gesang klarkommen. Ein Lied nach dem anderen von der Folk-Rock-Band *The Builders and The Butchers* dröhnt durch den dichten Wald. Vor drei Monaten habe ich die amerikanische Band live mit Freunden auf dem Kiez im *Molotow*-Musikclub gesehen. Aus vollem Halse singe ich: *The stars will shine and the moon will light my way ...*
Plötzlich schwingt ein Schatten etwa zweihundert Meter vor mir den Wanderweg entlang. Ruckartig bleibe ich stehen und greife zu meinem Bärenspray. Ein dunkel-

haariger Mann rast im Laufschritt auf mich zu. Nach den ersten paar Worten, die mir mit seiner kräftigen Stimme entgegenklingen, bin ich mir sicher: er ist der ambitionierteste Wanderer, dem ich je begegnet bin; in all den Jahren in unterschiedlichsten Ländern mit den unkonventionellsten Menschen in den Bergen oder im Wald. Sonnenklar. Seine Statur, sein charismatischer Blick und die sportliche Art verraten es mir.

»Treffe ich ja doch noch jemanden heute.«

»Wo bist du gestartet?«

»Mein Motorrad steht an einem Trailhead, zu dem ich die nächsten Tage wandern werde. Bin heute früh bis nach Field getrampt und von da aus dann los.«

»Das ist eine ganz schön lange Strecke von Field hierher.«

Er hebt sein Kinn und deutet auf mich. »Wohin willst du?«

»Nach Norden.«

»Dann kommst du auch an Field vorbei. Ein nettes kleines Dorf.«

»Bin gespannt. Das Fireweed Hostel dort ist morgen für eine Nacht meine Bleibe.«

»Ah, habe da mal eine Dusche genommen.«

»Heute?«

»Vor ein paar Jahren. Ich gehe den Great Divide Trail in mehreren Abschnitten komplett. Mein Job erlaubt es nicht ein paar Wochen hintereinander frei zu bekommen. Und meine Frau hat, denke ich, auch was dagegen. Also kommt der Trail nach und nach dran.«

»Und wie viele Abschnitte musst du noch machen, um den gesamten GDT gewandert zu sein?«

»Das ist der letzte.«

»Wie machst du das eigentlichen mit den Bären im dichten Wald?«

Er hebt seine Trekkingstöcke in die Luft und haut sie zwei Mal gegeneinander. Ein blechender Klang hallt durch den Wald. »So mach ich es alle hundert Meter. Weißt du, die Bären hören sehr gut, besser als ein Mensch jemals im Stande ist. Und so kommen sie nicht in meine Richtung.«

»Um sie präventiv zu verjagen, singe ich.«

»Also, ich habe dich gerade schon eine ganze Weile gehört …«

»Hast du gar kein Bärenspray dabei?«

»Wozu? Das brauche ich nicht.«

»Ich denke, ich brauche das Spray auch nicht. Hoffe ich jedenfalls, jedoch fühle ich mich damit besser. Hast du schon mal einen gesehen?«

»Auf dem Great Divide? Ja, klar. Einen Grizzly. Ein mächtiges Geschöpf. Er war mitten auf dem Trail im dichten Wald, so wie hier.«

»Und was hast du gemacht?«

»Hab mit ihm geredet.«

»Du hast mit ihm gesprochen?«

»Ja, wie mit einem alten Freund. Währenddessen habe ich mich langsam von ihm wegbewegt. Der Grizzly hat mich angestarrt und ist dann ab in den Wald. Keine große Sache.«

»Dann warst du ja bereits bei der Etappe von Field bis zum nördlichen Saskatchewan River. Die App sagt von diesem Abschnitt nichts Gutes. Unwegsam, zerstörte Brücken, keine Campgrounds.«

»Der Weg ist in keinem guten Zustand, jedenfalls als ich dort war.«

»Das heißt, der Weg ist schlecht markiert?«

»Irgendwann bin ich im Sumpf nicht mehr wirklich weitergekommen.«

»Oh, was hast du dann gemacht?«

Er antwortet mir. Die Ernsthaftigkeit, mit der er das tut, klingt noch lange in mir nach, während ich über den wurzelüberwachsenen schmalen Pfad gehe. Die Stimme des Profiwanderers wurde von einem Moment auf den anderen nüchtern und beklommen zugleich.

Die Abendsonne zeigt sich mit ihren warmen Strahlen, die durch den drückenden Wald leuchten. Wie mystisch kann ein Ort sein?

Nachdenklich gehe ich weiter bergab. Ich muss mich zwingen, weiter hier und da zu rufen, zu singen, wenngleich mir in keinster Weise mehr danach ist.

ABENDROT, OH ABENDROT

McArthur Creek Campground, Yoho Nationalpark,
abends

Der Dampf aus der Plastikverpackung wabert mir entgegen. Sahniges Beef mit Nudeln und Pilzen mit sechshundertzwanzig Kalorien. Ich stochere mit der Gabel in dem zusammengedrückten feuchten Klumpen und probiere. Vorzüglich. Und dieser feuchte Klumpen hat eine beträchtliche Größe. »Mahlzeit«, rufe ich den Wald.

Ich bin der einzige auf dem *McArthur Campground*. Mit knurrendem Magen sitze ich an einem der vier Tische und verköstige einen Happen nach dem anderen. Innerhalb weniger Minuten ist die Plastikverpackung leer. Als Nachtisch gibt es zwei Riegel mit Erdnussbutterfüllung und köstliches frisch gezapftes Bergwasser. Ein Festessen. Vor schätzungsweise zwei Stunden habe ich den *Yoho Nationalpark* erreicht. Es gab kein Empfangskomitee. Kein roter Teppich wurde ausgerollt. Nichts. Es war einfach niemand da. Nun ist es vollbracht. Es muss gefeiert werden, dass ich es bis hierhin geschafft habe. Nach elf Stunden Wandern ist eine warme Mahlzeit ein Segen. Lebensenergie pur, die sich wie ein Lauffeuer im Körper ausbreitet.

Auf den *Yoho*! Ein weiterer Grund, bei diesem Festmahl als Nachtisch einen Erdnussbutterriegel mehr als sonst zu verköstigen.

Der *Yoho Nationalpark* hat eine Gesamtfläche von 1.310 Quadratkilometern. Er gehört zum *Weltnaturerbe der*

UNESCO. In einem Gebiet des Parks, hoch oben zwischen dem *Mount Wapta* und dem *Mount Field*, sind gut erhaltene Fossilien von über 120 verschiedenen Meerestieren aus der Zeit vor etwa 505 Millionen Jahren gefunden worden. Der sogenannte *Burgess-Schiefer* ist eine der weltweit bedeutendsten Fossillagerstätten. Sie wurde im Spätsommer des Jahres 1909 bei einer Wanderung, etwa zwanzig Kilometer vom *McArthur Campground* entfernt, entdeckt. Eine Hinterlassenschaft der kanadischen Wildnis, die aus einer Zeit noch lange vor den Dinosauriern stammt.

Satt und hundemüde wasche ich am *Ottertail River* Müll und Löffel ab und trotte zu meinem Zelt, das mutterseelenallein im dunkelrot durchleuchteten Wald steht, in einem offenen Naturwohnzimmer mit einem Nadelteppich verziert, umzingelt von dicken Nadelbäumen. Es ist mucksmäuschenstill. Das Abendrot leitet die Dämmerung ein. Die rötliche Färbung des Abendhimmels während des Sonnenunterganges leuchtet durch den Wald. Nach der Bauernregel *Abendrot, gut Wetter bot* gilt der rote Abendhimmel als Vorzeichen für schönes Wetter. Vielleicht trifft das auch hier in Kanada zu.
Im Zelt befreie ich mich von den durchschwitzten, an meinem Körper klebenden Klamotten und behänge die über mir schwingende Wäscheleine. Barfuß sitze ich mit angewinkelten Beinen auf der neongelben Luftmatte. Ich taste die Füße vorsichtig ab. Im Bereich des Großzehenballens und an der Ferse haben sich hellgelb ge-

färbte längsgeformte Blasen gebildet. Ein muffiger Geruch breitet sich immer mehr im engen Zelt aus. Ich stöhne laut auf, während ich meinen Fuß auf dem Zeltboden absetze, um mich in die Waagerechte zu begeben.

Die Unterhose und die mit dunklen Stellen versehenen Wandersocken schwingen auf der Wäscheleine des Innenzeltes im seichten Wind.

Kapitel 6

RUHE VOR DEM STURM

Am Mount Owen, Yoho Nationalpark,
30. August, morgens

Die grellen Leuchtstrahlen der Sonne, die den schattigen Wanderweg im Wald schneiden, gleichen Scheinwerfern. Als ob eine fünfundneunzig Meter lange Open-Air-Bühne erleuchtet wird. Wer steht auf ihr? Jimi Hendrix? Helene Fischer? Nicht ganz atemlos gehe ich durch diesen Scheinwerferkegel – im Rampenlicht. Was könnte ich performen? Den Bärentanz als ultimatives Rocky-Mountains-Musical? Es ist unmöglich, sich lächerlich zu machen. Es sind keine Zuschauer auf den umliegenden Sitzplätzen, den umgefallenen jahrzehntealten Baumstämmen.

Den *McArthur Campground* habe ich früh am Morgen verlassen. Ich gehe weiter den schräg verlaufenden Wanderweg, singend, selten den Ton treffend. Die Tiere in der Umgebung hören ein Best-of meines Repertoires, wenn sie nicht schon längst geflüchtet sind oder verwundert in den Wald schauen.

Das GPS-Gerät weist weiter bergab. Dicht an einer Felswand geht es entlang, die wie ein geneigtes Dach aussieht, mit aneinander gereihten Dachziegeln. Links vom Wanderweg geht es steil Hunderte von Metern in die Tiefe. An dem sandigen Steilhang erheben sich spitze Statuen aus Lehmboden und ich sehe die Silhouetten der am Hang klebenden Tannen. Als ob eine Wildnis-Kunstausstellung, kanadischer Expressionismus, sich zum Besten gibt. Eintritt frei. Der *Ottertail River* ist mein treuer Begleiter unten am Fuße des Hanges. Die markante Melodie seines Rauschens höre ich selbst von hier oben. Sicher probt der Fluss auch für das Rocky-Mountains-Musical.

Ein Blickfang sind die Tausenden von Nadelbaumriesen, die dicht an dicht den Bergrücken der links hinabverlaufenden Berge emporragen. An einer Stelle ist zwischen ihnen eine Lichtung zu erkennen. Im leichten Nebel in der grünen Unendlichkeit leuchtet der freie Fleck geradezu. Plötzlich bewegt sich etwas. Ein schwarzer Schatten rauscht über den Fleck. Und von Neuem, diesmal ein kurzes weißes Aufleuchten einer kantigen vorbeirasenden Form. Ich schreie laut auf und beschleunige meine Schritte.

Angekommen an der staubigen Straße, die durch die endlosen Wälder der Berggötter führt, folge ich dem Asphalt in nordwestlicher Richtung. Dieser Einschnitt in der Natur aus Menschenhand wirkt in dem bergigen Waldambiente unwirklich. Ich verlasse den *Ottertail River*, der unter der Straße weiterfließt und in den *Kicking Horse River* mündet. Ein schwarzer Jeep kommt mir entgegen, während die transparenten Schwaden des aufgewirbelten Staubes das grelle Sonnenlicht trüben. Passiert das gerade wirklich?

Als das tiefe Brummen des Fahrzeuges an mir vorbeigezogen ist, vernehme ich vage ein mehrfach blechernes Knallen und das knarrende Geräusch eines wendenden Fahrzeuges. Ein vertrautes Geräusch. Ich drehe mich um. Dort ist er wieder, dieser schwarze Jeep.

»Hey! Willst du nach Field?«

»Ja«, entgegne ich der jungen Frau.

Ihr geschwungener Körper mit ihren aufleuchtenden blonden Haaren fesselt mich. Sie sitzt kerzengerade auf dem Fahrersitz und der mich treffende tiefe Blick versteinert mich mit einem Schlag.

»In Field bin ich aufgewachsen. Bin gerade auf dem Weg dorthin. Steig ein«, lächelt sie mich an, während ihre blonden Haare im Takt des brummenden Motors leicht hin und her wackeln. Als ob sie mir sagen würde, dass ich mich in ihr Bett legen, mich ausziehen könne und sie, bevor sie sich dazugesellt, nur noch kurz Kaffee hole.

»Äh, also … nein.«

»Ich habe doch Platz.« Sie zeigt auf den Beifahrersitz. Weiter geht das Kopfkino: Warum lächelt mich diese bildhübsche Frau so an? Möglicherweise steht sie auf unrasierte Männer fern der Heimat. Ist heute mein Glückstag? Ich sehe zwei so ganz andere Berge. Ich muss meine Augen zwingen, nicht weiter auf ihren leicht bekleideten Oberkörper zu schielen.

»Weißt du, äh … bin Langstreckenwanderer und der Weg nach Field ist Teil meiner Wanderung, den ich gerne zu Fuß gehen möchte.«

Mit großen Augen guckt sie mich an, dreht ihren Kopf Richtung Heckscheibe, beschleunigt den knatternden Motor und fährt vor meiner Nase mit hohem Tempo davon.

Ich schließe die Augen und seufze. Da fährt sie – mein Sommerglück. Sicher ist sie steinreich und Single. Warum bin ich so bescheuert? Ein Langstreckenwanderer – gezwungenermaßen? Verbannt in der Wildnis? Höchstwahrscheinlich bin ich doch ein Vollidiot. Mein geliebtes Hamburg und Schweden wären stundenlang unsere Gesprächsthemen gewesen, bei Kerzenschein. Sicher wären wir dort bald zusammen in den Urlaub gefahren, bevor wir damit angefangen hätten, Kinder zu zeugen und einen Baum zu pflanzen. Vielleicht auch zwei Bäume. Direkt hier bei ihr in Field, wo ich heute Nacht hätte schlafen können. Hätte sie mir Frühstück gemacht? Pancakes? Lauthals lache ich.

Noch vier Kilometer, das Dorf am *Kicking Horse River* wartet bereits auf mich. Die Straße erreicht das Tal, in dem Field sich im hinteren Bereich versteckt. Das breite Flussbett erstreckt sich über das gesamte Tal. Auf seinem rechten Flügel strömt an mehreren Einschnitten das Wasser parallel zur Straße. Der größte Teil des Flussbettes ist ausgetrocknet. Das mehrere Fußballfelder breite Tal gleicht einer Steinwüste. Immer wieder werfe ich einen Blick auf die Ränder des Flusslaufes oder auf die tote offene Fläche. Kein Tier.

Werde ich noch einen Bären sehen? Wie er seines Weges geht, so wie meinesgleichen, einsam und abgeschnitten in dieser erhabenen Natur? Er wird lediglich von seiner Nase navigiert, um etwas zu fressen zu finden. Was suche ich mit meinem Rucksack mit Erdnussbutterriegeln, Trockennudeln und Müsli gefüllt? Glück? Ein Abenteuer? Eine reiche Frau, die ein Haus in den Rocky Mountains besitzt und mich zu sich mit einem Zwinkern einlädt? Oder reicht mir das einfache Wandern gänzlich? Zumal es nicht immer einfach ist. Die Antwort bleibt mir verschlossen, während ich durch dieses staubige Flusstal schreite. Vielleicht ist die Frage obsolet.

In der Ferne entdecke ich in dieser Steinwüste die ersten streichholzschachtelgroßen Umrisse von Häusern, umringt von über zweieinhalbtausend Meter hohen Bergen. Ich schaue über den Fluss. Ist das Hostel das braune Holzhaus mit dem grauen flachen Dach? Im Internet habe ich es gesehen. Es ist komplett aus dicken, braunen Holzbalken gebaut und steht neben einem alten Wasserturm. Es sieht aus wie ein Saloon aus dem Wilden Westen.

Mein Magen grummelt. Mir läuft das Wasser im Munde zusammen. Burger, Pommes und eine eisgekühlte Cola tanzen mir eine Polonaise vor. Da ist das Hostel, mit einer hölzernen Veranda, zwei Häuser neben dem verrosteten Wasserturm. Zwischen mir und meinem Ziel liegt der breite *Kicking Horse River*, mit seinem weit ausgedehnten steinigen Flussbett.

Auf der anderen Seite des Flusses erklingt ein ohrenbetäubend lautes Pfeifen und ein grauschwarzer Rauchschwall zieht über die kleinen Häuser hinweg. Eine historische Eisenbahn, die sicher schon lange ihren Dienst hier in den Bergen verrichtet. Bin ich jetzt endgültig im Wilden Westen? Reiten gleich vermummte Banditen mit schnaubenden Pferden an der Eisenbahn entlang, um sie zu überfallen?

Mit jedem Schritt drücken meine Blasen unter den Füßen. Ich denke an meine Kreditkarte, mit der ich gleich den nächsten Laden überfallen werde, weder mit einem Pferd, noch mit einem Revolver. Ich bleibe stehen. Ein Mann kommt mit seinem Kind, das ein Eis in der Hand hält, aus einem kleinen Gebäude, vor dem mehrere Autos stehen. Mir stockt der Atem. Er hat eine Plastiktüte und einen schwarzen Pappbecher in der Hand. Ich beiße die Zähne zusammen und humple auf das Gebäude zu.

Wie der Mann vorhin mit seinem Kind verlasse ich mit einem breiten Grinsen das kleine Gebäude mit einer Plastiktüte und einem schwarzen Pappbecher in der Hand. Über die Brücke zur anderen Seite des *Kicking Horse River* erreiche ich das Saloon-ähnliche Gebäude. An der Holzaußenwand steht in gestochen scharfer brauner Schrift *Fireweed Hostel*, unter einer Abbildung von einem dreiköpfigen Bergmassiv. Im Hintergrund an der direkt am Hostel vorbeiführenden Straße stehen mehrere grünweiße *Parks-Canada*-Jeeps. Niemand ist da. Anscheinend bin ich der erste Besucher heute.

Aus dem Innenraum des Holzmonumentes dröhnen Geräusche nach draußen. Beim Betreten des Vorraumes knarrt die Haustür und schwenkt automatisch wieder zu. Auf dem Stehpult, das einer Theke in einer Kneipe gleicht, steht ein kleines Funkgerät auf einer Ladestation. Daneben steht auf einem Schild: *Für Bedienung bitte hier drücken*. Mit dem Ellenbogen stütze ich mich auf das Stehpult, drücke auf den Knopf des Walkie-Talkies und warte.

Es öffnet sich die Haustür neben der winzigen Rezeptionsecke und der Angestellte des Hostels verschwindet sofort, nachdem ich meine Bitte geäußert habe. Unruhig gehe ich von einer Ecke des kleinen Raums zur anderen. Endlose Momente vergehen.

Der Angestellte steht plötzlich mit leeren Händen vor mir und schaut mich ratlos an. Ich senke den Kopf. Erneut bitte ich ihn nachzuschauen.

Das Warten findet kein Ende. Das Drücken meiner Blasen an der Ferse meldet sich. Minuten verstreichen. Ist er vielleicht einfach gegangen?

Langsam öffnet sich die Holztür neben der winzigen Rezeption. Ein Gefühl schießt durch meinen Körper, als ob ich im freien Fall sei, als ob vierzig Kilo meines Eigengewichtes sich von einem Moment auf den anderen in Luft auflösen würden. Mit einem erleichterten Lächeln überreiche ich meinen Reisepass dem Angestellten, der mich emotionslos anschaut. Er gleicht meinen Namen mit dem in Haukes Schrift auf dem weißen Paket gekennzeichneten Empfänger ab. *Bitte aufbewahren für den Great-Divide-Trail-Wanderer* steht unter meinem Namen und meiner Handynummer.

Es ist mittlerweile Abend. Mit vollem schwerem Magen habe ich es mir auf der Couch neben dem Kamin im Hostel-Wohnzimmer mit meinem Handy in der Hand gemütlich gemacht. Das Fett der Pommes Frites, des Burgers und der Kartoffelchips strömt durch meinen Körper. In der offenen Küche unterhalten sich Amerikaner mit einem Akzent, bei dem fast jedes Wort in die Länge gezogen wird. Sie waschen zusammen Geschirr ab und räumen Lebensmittel in den Kühlschrank. Das WLAN vom *Fireweed Hostel* gibt auf meinem Smartphone eine Nachricht von Hauke preis; vor drei Tagen verfasst:
Gerade einen Bären gesehen. Schwarzbär.
Allerdings unspektakulär aus einem Bus.
> *Sehr gut. Ich immer noch nicht. Paket ist*
> *angekommen. Danke.*

Die Dunkelheit von draußen hat im Gegensatz zu den letzten Tagen in dem hell erleuchteten Wohnzimmer keine Bedeutung. Die in fast jeder Ecke grell strahlenden Lampen machen die Nacht zum Tag. Plötzlich öffnet sich die Holztür.

Ein dunkelhaariger Mann, komplett in Schwarz gekleidet, betritt den Raum und schaut mich von unten bis oben an. »Du bist der Deutsche, oder?«

»Sehe ich etwa so aus?«, grinse ich den bärtigen Mann an. »Bin heute Nachmittag angekommen.«

»Ich bin Craig. Wo sind die anderen?«

»Im Bett.«

Der ungefähr vierzigjährige Hostelbesitzer wohnt in einem der Häuser, die ich auf dem Fußmarsch hierhin in der Ferne gesehen habe. Er schließt die Fenster des Wohnzimmers, wischt die Arbeitsflächen der offenen Küche und schaut in meine Richtung. »Gehst du auch ins Bett?«

»Ja ... gleich. Ich habe vorhin versucht, noch eine weitere Nacht hier bei dir im Hostel zu bleiben, doch ihr seid ausgebucht.«

»Das ist normal hier in den Rockies. Alle wollen hierhin, zu jeder Jahreszeit. Hättest du nicht vorher über das Internet gebucht, wäre dein Schlafplatz für diese Nacht längst vergeben. Hast du für die nächste Nacht was Alternatives gefunden?«

»Nach neun Telefonaten. Es ist ein bisschen außerhalb von Field, in der Great-Divide-Lodge. Ich mache morgen einen Ruhetag, bevor es weiter in die Berge geht.«

»Dann gute Erholung. Schlaf gut.«

»Du auch«, antworte ich, schließe die Holztür des gemütlichen Wohnzimmers hinter mir und schleiche die Treppe hinauf.

Von meinen amerikanischen Zimmergenossen ist ein gleichmäßiges Schnarchen in dem dunklen kleinen Schlafraum zu hören. Das holzige Knarren des Hochbettes ertönt mit jedem Sprossentritt.

Mit einem tiefen Seufzer breite ich mich auf der weichen Matratze aus. Mit dem Handy schicke ich meinen Eltern ein Lebenszeichen und schließe die Augen.

Kapitel 7

SCHICKSALSFLUSS

Great Divide Lodge, am Trans Canadian Highway,
außerhalb von Field, 1. September

»Danke, dass Sie mich so früh fahren.«

»Kein Problem.«

Sehe ich kanadische Dollarzeichen in ihren müden Augen? Das Schweigen im Taxi scheint die letzte Ruhe vor dem Sturm zu sein. Vor meinem geistigen Auge steht der Profiwanderer, den ich einen Tag vor Field getroffen habe. Seine ernste Stimme klingt noch immer in meinen Ohren.

Ich greife in meine rechte Hosentasche nach den hundertzehn Dollar und schaue zum Highway. Die Straße erwacht langsam aus der Dunkelheit. Ich drehe mich zur Taxifahrerin. Irgendwas scheint für sie nicht zu stimmen. Vielleicht hat sie nicht gut geschlafen oder ist einfach genervt, dass sie mich als Kunden bereits um sieben Uhr morgens durch die Gegend kutschieren muss – es ist noch nicht mal die Sonne aufgegangen.

»Sag mal ... Was willst du so früh in den Bergen?«, fragt die schon etwas in die Jahre gekommene Taxifahrerin mich auf einmal mit verschlafenem Blick.

»Wandern. Heute ist mein zwanzigster Wandertag auf dem Great Divide Trail.«

»Oh, ich habe noch nie etwas von diesem Weg gehört.«

»Das ist ein Wanderweg, der parallel der Wasserscheide in den Rockies verläuft. Mal geht er direkt über die Berge und dann wieder durch die Täler. Heute geht es für mich in Field auf dem Trail weiter. Bis dorthin bringen Sie mich, bitte.«

Sie biegt in die Straße ein, die gegenüber dem *Kicking Horse River* verläuft.

»So ganz alleine in den Bergen ...« Sie schaut mich mit gesenktem Blick an. »Ich habe selber zwei Söhne. Deine Mutter macht sich bestimmt Sorgen.«

»Das ist nicht meine erste Wanderung. Alles gut.«

Das Blut läuft langsam an meiner Haut herunter. Bis auf die Unterwäsche durchgeschwitzt stehe ich mit schmerzverzerrtem Gesicht da, umgeben von drei Meter hohem Gestrüpp. Meine schwarze kurze Wanderhose hat hellgelbe Flecken, ebenso das Bärenspray. Das Gebüsch mit seinen gelben Blättern verfärbt alles. Eine brennende Hitze breitet sich auf meiner Haut aus; ein Lauffeuer auf meiner dreckigen Haut, die bei jeder noch so kleinen Berührung schmerzt. Ich sollte die Gamaschen aus dem Rucksack holen, doch ich tue es nicht – die Blutung stoppt immer noch nicht. Wie ein Borkenkäfer, der auf dem Waldboden in einer riesigen Welt einen Weg sucht, krabble ich voran, mit geducktem Kopf auf allen vieren unter dem dichten Gestrüpp. Auch die Außennetztasche des Rucksacks schabt gegen das messerscharfe Unterholz. Beim Blick zu meinem Bärenspray erstarre ich: Der Sicherheitsverschluss ist abgerissen. Schnell befestige ich ihn wieder und rieche dran – kein giftiger Geruch. Der Auslöser des Sprays wurde nicht vom Gestrüpp runtergedrückt.

Der Pfad ist fast verschwunden, das Gesträuch meterhoch drübergewachsen. Nur meine Schritte drücken auf dem weichen Untergrund die Grashalme platt.

Die Autofahrt von vorhin ist wie ausradiert. Die Berge und der dichte Wald haben mich in ihren Bann gezogen. Mit allen Geräuschen der Natur.

Ein Geplätscher ertönt im Dickicht. Ich wasche die blutigen Schürfwunden meiner Unterschenkel mit dem kalten Bergwasser des Flusses ab und fülle meine Wasserblase auf, schnalle sie zurück an meinen ebenfalls gelbgefärbten Rucksack. Obwohl ich völlig durchgeschwitzt bin, hole ich endlich meine Gamaschen aus dem Rucksack. Ich schnalle sie mir um die Beine.

Das Brennen lässt langsam nach.

Dort, wo das Wasser der Flüsse den Berg links und rechts hinabfällt und die Wälder in endlosen Formationen den Horizont bedecken, folge ich auf vereinzelt runtergetretenem Gras dem Weg. Was ist das wieder für ein Rauschen? Diesmal lauter, präsenter, als ob die Geröllformationen links oberhalb von mir den Berg hinunterstürzen. Dieses Knirschen und dumpfe Grollen knallt monoton aus der Richtung der Baumgrenze. Was ist das?

Ich überquere ein Steinfeld. Die Trekkingstöcke balancieren die Unebenheit der kantigen Steine aus. Bei einer solchen Passage ist mir vor Jahren in Schweden im *Rogen Nationalpark* ein Trekkingstock gebrochen – zum Glück nicht mein Bein. Mit jedem Gedanken daran gehe ich langsam über die scharfen Kanten. Phasenweise wieder auf allen vieren krieche ich voran, wie ein Tier, das sich einen Weg sucht.

Wenige Meter vor mir erblicke ich den spärlich ausgetretenen Pfad, der sich um Steininseln schlängelt. Geschafft.

Das knallende Rauschen ist lauter geworden, ohrenbetäubend. Dieses tosende Geräusch übertönt selbst mein Rufen. Was für eine Frische hängt in der Luft? Die Haut meines durchgeschwitzten Körpers erhält einen nassen Kuss des Waldes.

Je weiter ich gehe, desto mehr runde Steine begrüßen mich. Anfangs nur ein paar, sind es bald Hunderte. Ich schaue den Hang oberhalb von mir hinauf und erblicke jene Wucht, von der das gesamte Naturareal geprägt ist: unendliche Wassermassen suchen sich ihren Weg den Berg hinunter. Das Wasser kracht mit sehr hoher Geschwindigkeit im Flussbett hinunter. An den Seiten des Flusslaufes springt es in die Höhe und verursacht einen tiefen Einschnitt in der Vegetation. Mehrere Bäume samt Ästen und Wurzeln liegen am Rande des Flusslaufes. Einige von ihnen kämpfen um Halt, doch die Kraft des Flusses schleudert sie hin und her. Ein endloser Kampf. Das Wasser springt unentwegt in die Höhe und die nass sprühende Luft trifft mich von allen Seiten. Minute um Minute lasse ich verstreichen und schaue dem Kampf zu. Eine allumfassende Frische.

Ich muss weiter. Länger halte ich mich hier besser nicht auf. Den Wildtieren ist auch heiß bei diesem Wetter.

Wie soll ich hier sicher auf die andere Seite kommen? Ich will nicht wie die Bäume enden. Ich tapse über die Steine am Flusslauf den Berg hinauf. Mein Blick wandert, eine Brücke suchend, den Fluss entlang. Fehlanzeige. Auch das GPS-Gerät zeigt kein Brückensymbol.

Ein weiteres Stück oberhalb liegen zwei mächtige Nadelbäume quer über dem tiefen Einschnitt des Flusses. Sie liegen parallel eineinhalb Meter voneinander entfernt. Ihre schrägen lang gebogenen Äste sind übersät mit hellgrünen Nadeln. Die beiden Bäume scheinen noch nicht lange dort zu liegen. Erneut schaue ich den Flusslauf entlang und fokussiere nur noch die beiden vor mir liegenden nadeligen Bäume. Ich öffne meinen Rucksackgurt, schnalle die Wanderstöcke am Rucksack fest und gehe los.

Stunden später stellt sich mir ein weiterer Fluss in den Weg, über den ich es hoffentlich auch schaffe. Flussaufwärts liegen alle möglichen abgerissenen Äste am Rand. Keiner dick genug, um ihn über den Fluss zu werfen und als Brücke zu benutzen.

Flussabwärts suche ich in der Böschung weiter. Plötzlich erblicke ich auf der anderen Seite des Flusses eine junge Frau und daneben wohl ihren Freund mit Sonnenhut auf dem Kopf. Sie suchen ebenso eine Möglichkeit, etwas als Brücke zu nutzen. Wir drei grüßen uns per Handzeichen.

Der Sonnenhutträger findet an einer Stelle direkt am Flussufer einen dicken schweren Baumstamm, den er ganz alleine hebt und mit Schwung über den Fluss wirft. Treffer. Das äußerste Ende des Baumstammes hat das andere Ufer erreicht.

Nachdem der wacklige Stamm in eine festsitzende Position gebracht ist, lächelt mir der junge Mann von drüben zu. Langsamen Schrittes tapse ich über die erbaute Naturbrücke.

»Hey. Wo wollt ihr hin?«

»Nach Field.«

»Da bin ich heute früh gestartet.«

»Der Weg ist echt schlimm … Die Gemeinde in dieser Region kümmert sich nicht mehr um den Weg.«

»Na und? Was ist so schlimm an dem Trail?«

»Wir sind seit fünf Tagen unterwegs und haben Hunderte von Bäumen überquert. Das steht dir noch bevor. Ich bereue, dass wir diesen Weg gegangen sind.« Er klingt niedergeschlagen und guckt seine Freundin an. Das monotone Brausen des Flusses hält weiter an.

»Bis nach Field ist es nicht mehr so weit. Ungefähr dreißig Kilometer.«

»Wieviel ist das in Meilen?«, fragt mich die junge Frau.

»Keine Ahnung.«

»Eigentlich sollten wir schon längst da sein. Hoffentlich schaffen wir es noch pünktlich.«

»Wo wollt ihr denn hin?«

»Zu einer Hochzeit. Freunde von uns wohnen hier und heiraten. Wir sind extra aus den Staaten angereist.«

»Und vorher macht ihr noch eine Wanderung?«

»Es sollte eine schöne entspannte Tour werden. So war jedenfalls der Plan«, sagt er mit verzogenem Mundwinkel. »Wäre noch die Krönung, wenn wir die Hochzeit verpassen würden.«

»Bis nach Field gibt es einige umgefallene Bäume und der Trail ist überwachsen, aber man kommt recht gut voran. Das kriegt ihr schon hin.«

»Mal sehen. Bis wohin willst du heute noch gehen?«

»Zum Amiskwi-Pass.«

»Da willst du vor Einbruch der Dunkelheit noch hoch?«

»Ja.«

MOORLAND
Zum Howse River, Banff Nationalpark, 3. September, mittags

Jedes Auftreten meiner Wanderstiefel wird zu einer Vertiefung des Bodens. Wie ein Spaziergang auf halbaufgeblasenen Luftballons, die zu zerplatzen drohen. Der Pfad ist zu einer Mischung aus vermoderten Bäumen und klatschnass getränktem Moos geworden. Die Beschaffenheit des Weges, von dem mir das amerikanische Pärchen vorgestern berichtet hat, ist zu meiner Realität geworden. Bereits seit gestern bin ich in diesem Sumpfgebiet unterwegs. So vielversprechend ich es vorgestern mit einem 50-Kilometer-Tagesmarsch zum

Amiskwi Pass geschafft habe, so zermürbender ist nun jeder Kilometer im Moor. Jeder Schritt nordwärts in dieses morastige Schlamm-Monster stellt meine Geduld auf die Probe. *Geduld ist eine Tugend*, so der Volksmund. Hoffentlich ist diese *Tugend* lang genug auf meiner Seite. Jeder weitere Gedanke verstummt, während meine Wanderstöcke mal in totes Geäst stechen, mal im freien Fall in den Untergrund, bis sie Halt finden. Mit jedem Schritt versacke ich tiefer im Morast. Ein abrupter Satz mit Schwung zum nächsten Auftreten erzeugt ein schmatzendes Geräusch, innerhalb weniger Sekunden sind meine Stiefel und meine Gamaschen komplett nass. Zum Glück sind die Füße noch trocken.

Ich schwenke meinen Blick in alle Richtungen. Wo ist der Weg? Ich sehe ein paar etwas runtergetretene Vertiefungen im aufgeweichten Waldboden, ein Schnitt in der Vegetation. Die Vertiefungen führen mich durch einige dicht an dicht stehende Tannen. Ihre Zweige streifen unentwegt meine Wanderhose sowie die Regenjacke. Ein feuchter Kuss der Natur. Phasenweise sind die Äste der Tannen nicht zu biegen, sodass ich in der Hocke unter ihnen durchkrieche.

Wie kommen die Tiere hier durch? Versacken sie nicht so tief? Oder sind sie schlauer und gehen gar nicht erst in den sumpfigen Wald, suchen sich woanders ihren Weg?

Aus der Brusttasche hole ich die Wanderkarte. Beim Aufklappen fallen die nassen Ecken der Karte in meine Hände. Ich vergleiche die Karte mit dem beschlagenen

Display des GPS-Gerätes. Schon längst hätte hier ein Fluss oberhalb des Berges kommen müssen. Der Blick auf das aufgeblätterte Stück Karte zeigt keine weiteren Orientierungsmerkmale; kein Hang, keine offene Fläche, kein Berg in Sichtweite, kein See. Nur Wald. Wenige lebende, umso mehr tote Bäume. Ein Labyrinth. Ich packe die Karte zurück in meine Brusttasche und befestige per Karabiner mein GPS-Gerät an meinem Rucksackbrustgurt. Weiter im Takt.

Die Klammheit erstreckt sich von den Baumkronen über die Tannenzapfen bis hin zum Boden. Mit jedem Atemzug erfüllt die hohe Luftfeuchtigkeit meinen Körper. Meine Kleidung scheint nur noch eine nasse Umarmung zu sein, eine Mischung aus Feuchtigkeit von außen und warmem Schweiß. Immer wieder liegen glitschige Bäume über den Resten des Pfades. Das Wandern ist zu einem Klettern über tote Bäume geworden. Der Himmel zeigt sich wegen der endlosen Baumkronen nur punktuell. Er ist bedeckt mit sich verdichtenden Wolken. Die grauen Schleier hängen tief und ausgedehnt in der Luft.

Längst ist der Weg verschwunden. Der Sumpf hat ihn. Das Moorland, in dem ich mich befinde, dultet keinen Weg. Es fängt an zu regnen. Die dicken Regentropfen prasseln auf mich und verwandeln den Sumpf in ein glitschiges Naturschwimmbad. Alles scheint zu versinken: meine Schritte, meine Wanderstöcke, die toten Bäume ringsherum – alles. Die hohe Luftfeuchtigkeit mit dem strengen Duft von nassen Tannennadeln durchdringt mit jedem Atemzug meinen Körper. Nur die durch das Knacken des Waldes und das Plätschern der Regentropfen gebrochene Stille ist mein Begleiter. Eine fließende Ruhe, wie das von den Nadelbäumen fallende Rinnsal über mir.

Die Zeit scheint hier in einem anderen Rhythmus zu sein. Jede Pfütze gleicht der nächsten, jedes Moos, jeder aufgelöste holzige Morast. Nur ich tänzle voran, mal schnell, mal langsam wie eine Elster, doch im Gegensatz zu ihr ist mein Gefieder ein klammer Rucksack. In dieser Nässe ist er mein treuer Glücksgefährte. Ohne ihn wäre ich verloren in dieser unüberschaubaren, geheimnisvollen Gegend. Ich zurre beide Brustgurte so eng, dass mein Rücken mit ihm eins geworden zu sein scheint. Eine feste Umarmung meines letzten Überbleibsels der Zivilisation.

Es ist Abend. Bei jeder noch so kleinen Bewegung ertönt vom Zeltboden ein Geräusch. Die neongelbe Knistermatte hat neben ein paar dreckigen Stellen getrocknete Blutflecken. Ich befreie meinen Körper von den klitschnassen Klamotten, bin mit Tannennadeln beklebt. Alles trieft und ist schwer. Die letzte noch trockene Kleidung kommt zum Einsatz.

Die einbrechende Nacht gleicht einem Schauerspiel, das mit kalten Krallen alles im Moorland umhüllt, die Ruhe der Dämmerung einem Innehalten der Natur. In der Dunkelheit taste ich mit der rechten Hand in die linke Ecke des Vorzeltes zur kalten Dose, die im Gurt steckt.

Sie ist griffbereit und auf dem Auslöser steckt der Sicherheitsverschluss.

Meine Waden und Füße vibrieren so, als würden sie weiterwandern. Das gleiche Gefühl wie vorgestern auf dem *Amiskwi Pass*. Mit einem tiefen, langen Seufzer schließe ich von innen den Reißverschluss des wasserdichten Schlafsacks. Die Füllung aus Gänsedaunen bauscht sich um meinen Körper. Hoffentlich verabschiedet sich gleich die beißende Kälte der letzten Stunden. Das Knistern der Luftmatte ist verstummt. Nur noch das Plätschern des Baches erklingt in der Finsternis.

VERSCHLUCKT
Howse River, Banff Nationalpark,
4. September

Das Rauschen des kleinen Baches ist das erste Geräusch des Morgens, das ich vernehme, während ich noch in meinem warmen Schlafsack liege. Ein Weckruf des Waldes: *Los, steh' auf, kämpf dich weiter durch den Sumpf. Sonst kommst du hier nie raus und mutierst zur Moorleiche.* Mürrisch drehe ich mich um, doch auch der Wecker meines Smartphones erklingt. GPS-Wecker, Smartphone-Wecker und Naturwecker in Form des rauschenden Baches geben zusammen ein Konzert. Heute. *Die Symphonie des Grauens.* Ein Moment nach dem anderen verstreicht. In Zeitlupe bewege ich meinen rechten Arm aus dem warmen Schlafsack und deaktiviere beide Wecker. Sieben Uhr. Wollte ich nicht eigentlich bereits um kurz nach sechs aufstehen?

Ich schlüpfe aus dem Schlafsack. Beim Blick ins Vorzelt fällt mir sofort der Haufen mit meinen nassen Klamotten auf. Lediglich in die Ecke geschmissen hatte ich sie gestern Abend. Mit dem einen Fuß rutsche ich in den klatschnassen Wanderstiefel. Schlagartig durchschießt meinen Körper ein eiskaltes Gefühl. Während ich mir die Schnürsenkel binde, trieft Wasser aus dem klitschnassen Stoffgewebe der Vorderlasche. Das ist nun der endgültige Weckruf.

In Windeseile packe ich alles zusammen. Irgendwas habe ich vergessen: Das Rauschen des Baches.

Ich stampfe auf dem klatschnassen Untergrund zu dem kleinen Bach, etwa fünfzig Meter entfernt von meinem abgebauten Lager. Sie ist noch da. Ich strecke meinen kompletten Unterarm in das eiskalte reißende Wasser des Baches und befreie meine Boxershorts von einem ins Flussbett gesteckten Stock. Bitterkalt sind meine Hände, nachdem ich die Shorts ausgepresst habe. Es hat funktioniert. Sie ist sauber.

Ich begebe mich mit meinen quietschenden Wanderschuhen, bepackt mit den Ausrüstungsgegenständen des Nachtlagers, in Richtung des Wanderweges. Fast alles, außer meinen Wanderstöcken, der Wasserblase und der Luftdruckfanfare, ist in Packsäcken verpackt und hängt an meinen beiden Armen. Meine Kopflampe spendet mir Helligkeit im noch recht trüben Morgenlicht. Wie ein Kronleuchter gehe ich ein Stück den Wanderweg zurück und lege am Wegesrand die Ausrüstung auf den feuchten Boden. So, und jetzt zum Proviantdepot.

Ich gehe das kurze Stück zum Lagerplatz zurück. Dort, wo mein Zelt stand, drehe ich mich um hundertachtzig Grad; gehe in die angepeilte Richtung ... hundert Meter. Weiter entfernt war es gestern nicht. Jeder Schritt in den sumpfigen, dichten Wald lässt meine ohnehin schon nassen Stiefel ein saugendes Geräusch machen. Auf moosüberwachsenem, lockeren Untergrund sinke ich zwischen vergammelten Ästen im Waldboden ein und komme nur mithilfe meiner Wanderstöcke voran.

Nach einem weiteren glitschigen toten Baumstumpf, über den ich mehr krieche als gehe, schaue ich mich um. Es muss noch weiter sein. Vorwärts, weiter in Richtung Südwest. Ich drücke mich zwischen zwei dicht aneinander stehenden Nadelbäumen durch, die ihr Astkleid weit ausgebreitet haben. Wie zwei im Regen stehende Türsteher, die meine Taschen beim Eingang eines Konzertes filzen.

Das Spiel beginnt von Neuem. Der nächste Baum mit triefend nasser Baumrinde liegt dort. Wieder auf allen vieren habe ich vermutlich Ähnlichkeit mit Gollum aus *Der Herr der Ringe*. Auch ich suche *meinen Schatz*, meinen Proviantschatz. Doch wo ist er, mein Schatz?

In alle Richtungen wandert mein Blick durch den dunkelgrünen Moorwald. Es sieht aus, als ob ich mich die letzten fünf Minuten nicht voran bewegt hätte. Es ist doch diese Richtung gewesen. Ein unbehagliches Gefühl breitet sich in meinem Bauch aus.

Erneut gehe ich zurück zum Platz, wo mein Zelt stand. Noch mal. Meine schmatzenden Schritte auf dem nassen Untergrund sind die einzigen Geräusche in dieser Totenstille. Nicht mal ein Vogel pfeift sein Lied. Auch der Wind traut sich hier nicht hin. Nur meine Wenigkeit stampft durch die Unwegsamkeit. Und der nächste tote glitschige Baum wartet darauf, überquert zu werden. Es scheint so, als ob der Baum mir zurufen würde: *Hey, hier drüben! Mach dich auf was gefasst.* Ich rutsche am Baumende ab und versinke mit dem gesamten Wanderschuh im Morast, verlagere mit den Wanderstöcken mein Körpergewicht und befreie mich. Und weiter geht es. Ein tiefer Seufzer. War ich nicht schon mal hier? Es sieht alles gleich aus.

Ich durchkämme weiter den Wald. Jede Ecke, jeder Baum, jede Senke wird inspiziert. Eine Stunde vergeht. Erfolglos. Mein Proviant, meine Medikamente, mein Kochgeschirr und mein Rucksack – das alles scheint verschluckt zu sein. Wo ist das alles? Mittlerweile ist es hell geworden. Das schaurige Moorlabyrinth ist Grün erleuchtet.

Plötzlich kommt mir eine Idee. Zurück bei den vereinzelten Resten vom *Great Divide Trail*. Da liegt meine mir noch gebliebene Ausrüstung. Ich nehme mein GPS-Gerät in die Hand und schreie auf beim Aufleuchten der Uhrzeit. Halb neun. Seit eineinhalb Stunden suche ich mein Proviantdepot. »Das kann doch nicht angehen!«, schreie ich in den Wald. Jetzt ist auch der allerletzte Bär in der Umgebung verscheucht. Ich nehme einen großen Schluck Wasser aus meiner Wasserblase und aktiviere im GPS-Gerät die sogenannte *Trackingfunktion*. So wird direkt auf dem kleinen farbigen Display durch eine rote Line aufgezeichnet, wo ich überall langgegangen bin. Nach einiger Zeit ist das nasse Display mit roten Linien und Kreisen überfüllt. Mein Magen knurrt. Die Sonnenstrahlen scheinen inzwischen durch die Baumkronen.

Was mache ich, wenn ich mein Proviantdepot gar nicht mehr wiederfinde? Dann ist nur eins angesagt: Den SOS-Knopf meines kleinen GPS-Spots drücken und auf den Hubschrauber warten. Es ist das kleine Gerät, mit dem ich sonst die Okay-Nachrichten über Satellitenempfang in die Heimat schicke. *Search and Rescue* heißt meine noch vor der Tour online abgeschlossene amerikanische Bergungsversicherung bei der *GEOS*. Würde mich die international vernetzte Notfallorganisation hier überhaupt finden? Mein Fluchtweg und Auffangpunkt wäre der *Howse River*. Ein Szenario des Grauens. Jeder weitere Gedanke nährt mein Entsetzen wie ein auf der Haut krabbelnder Moskito, der jeden Moment zustechen könnte.

Weiter geht die Suchaktion mit meinen mittlerweile komplett nassen Klamotten, auch mein Körper ist durchgeschwitzt. Wird mir diese Situation jetzt zum Verhängnis? Das Moor scheint alles einfach zu verschlucken. Gnadenlos. Ich muss mit viel Mühe meine dunklen Gedanken stoppen. Es gibt nur einen Ausweg: weitersuchen. Es läuft mir eiskalt den Rücken runter. Gänsehaut.

Beim erneuten Blick zur Uhr schließe ich die Augen. Langsam kann ich mir den Plan, heute meinen Fluss der Begierde, am *The Crossing Resort* zu erreichen, abschminken. Dieser Fluss, der *Saskatchewan*, der schon so lange in meinem Fokus ist. Seit Februar. Damit wäre der ganze Plan bis nach Jasper in Gefahr. Das monatelange durchorganisierte Vorhaben würde zerschellen, wie ein Fischerboot an einem Kliff – hilflos im Sturm.

»Nein! So eine Scheiße!«, brülle ich in den Wald.

Ist mein Proviantdepot von einem Tier geplündert worden? Hier am Fuße des *Howse River* sind sicher viele Tiere unterwegs, um zu trinken. Es ist unmöglich für einen Bären, einen Kanister aus Carbon zu öffnen, aber er könnte den Kanister mitgenommen haben, wie seine Beute. Ich habe Erfahrungsberichte solcher Art im Internet gelesen. Da hatte ein Bär versucht, in der Nacht einen Bärenkanister zu öffnen und die Wanderer des Camps fanden am nächsten Morgen Hunderte Meter entfernt ihren zerkratzten Kanister. Sollte das auf mich zutreffen, würde ich meinen Bärenkanister nie wiederfinden. Das Moor hätte ihn. Gleichzeitig wäre das dann auch das Ende dieser Tour. Ein bitteres Ende.

Plötzlich kommt mir ein Geistesblitz. Was ist, wenn sich das Depot doch nicht so weit weg vom Lagerplatz befindet, nur in einem anderen Winkel? Noch nicht jeder Winkel ist ausgekundschaftet. Erneut halte ich mir das GPS vor die Nase. Die rote markierte Linie meines Marsches befindet sich auf dem Display kreisförmig und im Zickzack im Bereich von ungefähr hundert bis vierhundert Metern südwestlich. Was ist, wenn es nur achtzig oder gar fünfzig Meter sind vom Camp und ein Strich weiter auf der Kompassrose, Südsüdwest? Ich war gestern Abend sehr geschafft und beim Einrichten des Depots hat es bereits gedämmert.

Ich schreite entschlossenen Schrittes zum Lagerplatz zurück, wende ihm den Rücken zu und drehe mich so lange, bis die Kompassnadel auf der Kompassrose genau auf Südsüdwest zeigt. Los geht's. Nach ein paar Metern, umzingelt von dichten Nadelästen und vom Moor gefressenen Bäumen, gucke ich nicht mehr auf den Kompass. Ich habe so ein Gefühl. Hier lang. Dort hinter diesen Tannen. Ich schreie aus vollem Hals, aus jeder Zelle meines Körpers entlädt sich die Anspannung des gesamten Morgens. Mit einem Freudensprung renne ich hinter den Tannen auf meine Entdeckung zu und schreie von Neuem. Ich halte den Bärenkanister in die Höhe und umarme ihn. Hastig zerreiße ich das tellergroße Moosgeflecht und schmeiße es zur Seite. Das schwarze Nylongewebe meines Rucksackes fällt mir entgegen. Ein tiefer, lang gezogener Atemzug durchströmt meinen durchgeschwitzten Körper. Alles ist von einem Moment auf den anderen leicht und leer. Ein Befreiungsschlag.

Kurzerhand stecke ich den Kanister in meinen Rucksack und gehe zu meiner restlichen Ausrüstung. Mein Gott, fühlt sich der Rucksack gut an. Eine große Last fällt mir von den Schultern.

Aus dem Kanister hole ich drei Erdnussbutterriegel und verdrücke sie in Rekordzeit. Schnell injiziere ich mir mein Insulin, reibe Dreck über die Stelle am Bauch, um den Geruch zu neutralisieren und verstaue alles wieder.

Es ist kurz nach zehn Uhr. Fast drei Stunden Suche sind beendet. War das jetzt der Preis für die Strapazen von gestern, es noch bis knapp vor Einbruch der Dunkelheit zum *Howse River* geschafft zu haben? Ich atme tief durch und schultere meinen Rucksack. Vielleicht schaffe ich es heute doch noch.

Ein letzter Blick zurück zum fließenden Bach, nachdem ich ihn mit einem Sprung hinter mir lasse. Der Bach, der mir in der Nacht als Naturwaschmaschine diente und mich heute früh mit aufgeweckt hat. Es kommt mir wie eine halbe Ewigkeit vor.

WASSERLAUF

Am Howse River, Banff Nationalpark

Der Schreck des Morgens steckt mir noch immer in den Knochen. Es scheint der langsam ruhiger werdende Nachhall der *Symphonie des Grauens* zu sein. Das kalte Wasser, das ich nun spüre, trägt zum Abklingen bei. Die leichte Strömung am Rand des Flusses ist zu meinem Wanderweg geworden. Ich gehe einfach durch. Das

Flussbett ist übersät mit tischtennisgroßen rundgewaschenen Steinen und teilweise so weichem Sand, dass ich mir einen anderen Weg durch den Fluss suche. Auf ein tiefes, verborgenes Loch im siedenden Sand des Flussbettes zu treten, könnte der letzte Schritt sein.

Der *Great Divide Trail* soll angeblich am Rande des Flusses verlaufen, doch da ist es so sumpfig und unwegsam, dass jeder Versuch, dort durchzukommen, zum Scheitern verurteilt ist. Den Ratschlag des Profiwanderers, den ich einen Tag vor Field getroffen habe, befolge ich: einfach durch den Fluss wandern. Vorsichtig, mit größtem Respekt vor dem weichen Sand des Flussbettes, der einem zum Verhängnis werden kann. Die Stimme des Profiwanderers wurde, als wir über diesen Abschnitt des Trails sprachen, von einem Moment auf den anderen beklommen. Wieder hallt in meinem Kopf seine Stimme: *Es ist quasi unmöglich, es da durchzuschaffen, wenn man keinen Weg zum Fluss findet. Der Fluss ist die Lösung.*

Weiter im unwegsamen Moor wäre ich noch Tage unterwegs bis zum *The Crossing Resort*. Ich gehe auf Socken und mit meinen Trekkingstöcken durch das eiskalte Nass am Rande des Flusses. Es gleicht einer Wattwanderung vor der Nordseeinsel Sylt.

Die Wolken kleben in unendlich langen Schwaden rechts und links oben an den Bergkämmen, zerschneiden die monströsen kilometerweiten Bergformationen. Nur die letzten Zipfel der Bergkuppen ragen aus dem Meer der Wolken.

Die Sonne setzt sich weiter durch und erleuchtet immer häufiger das mehrere Fußballfelder große Flussbett. Es ist so breit, dass ich so gerade noch das auf der anderen Seite gelegene Ufer sehen kann. Bei diesem Anblick muss ich immer wieder stehenbleiben und einfach nur mit offenem Mund gucken, doch das kalte Wasser meldet sich an meinen Füßen und fängt an zu beißen; ein Gefühl, als würde ich über eiskalte Glasscherben gehen.

Vorwärts! Mit den Wanderstöcken stochere ich für jeden Schritt den Untergrund des Flusses ab. Wie im freien Fall rutscht der Wanderstock auf einmal ungefähr vierzig Zentimeter in den Sand. Stopp! Keinen Schritt. Vorsichtig ziehe ich ihn wieder heraus und begebe mich vorsichtig ein paar Meter weiter ins Flussbett. Von rechts und links fließt das Wasser durch Tausende winzige Steine. Nach einem Sprung über einen anderthalb Meter breiten Wasserlauf lande ich auf einer Grasfläche direkt am Ufer.

Mit meinen wieder angezogenen Wanderschuhen versuche ich weiterzukommen, vorbei an den toten, ausgetrockneten Nadelriesen durchs Dickicht. Der *Great Divide Trail* ist ein Opfer des *Howse River* geworden, verschlungen in seinem steinigen, morastigen Rachen. Der *Howse River* muss vor einiger Zeit völlig überflutet gewesen sein.

Vierzehn Kilometer soll es noch so weitergehen und es ist inzwischen Nachmittag. Mit einem tiefen Seufzer zoome ich die Anzeige auf dem GPS-Gerät näher an die Schraffierungen der digitalen Karte vom Flussbett.

Wenn nicht bald ein passierbarer Weg kommt, werde ich heute wieder irgendwo am *Howse River* schlafen müssen. Eine weitere Nacht im Sumpf, wie vorgestern am *Doubt Hill*, nur diesmal ohne trockene Klamotten. Alles ist inzwischen nass – nur mein wasserdichter Schlafsack ist vollständig trocken geblieben.

Die Sonne erleuchtet das Areal des riesigen hellblauen Einschnittes der Landschaft. Die kleinen Wellen auf dem Fluss leuchten in der Sonne wie Millionen von glitzernden Perlen. In meiner Marschrichtung zeigt sich immer mehr ein kolossales breites Bergmassiv am Horizont, mit dinosaurierartigen Zacken. Ich hole meine klatschnass zusammengeklebte Wanderkarte aus der Hosentasche und kratze sie mit verdreckten Fingernägeln auseinander. Es ist der *Mount Wilson*, der direkt vor meinem Tagesziel steht.

Ich beschleunige meine Schritte. Plötzlich erblicke ich heruntergetretene Grashalme, die sich dicht am Ufer langschlängeln. Eine markante Linie, die immer wieder von toten Bäumen versperrt ist und in den Wald führt. Sie hört nicht auf.

Stunden später hallen einzelne Wortfetzen, übertönt vom reißenden Rauschen des Flusses, durch eine Schlucht im Wald. Was vernehmen meine müden Augen? Touristen aus dem asiatischen Raum. Auch Kanadier und Amerikaner. Sie stehen zweihundert Meter unterhalb des Hanges mitten im Wald und starren in die Richtung des Wasserlaufes, wohl ein Nebenarm des

Howse River. Wie kleine Strichmännchen sehen sie aus. Der staubige Pfad, die markante Linie, führt dort hinunter. Das laut aufbrausende Wasser des Flusses knallt durch die Steinhügel, ein Schnitt durch die überdimensional großen Steinbrocken. Die ersten Touristen, mit ihren Spiegelreflexkameras und sauberen Klamotten in hellen Farben, die mir begegnen, schauen mich erstaunt an.

Auf einem von der Witterung der letzten Jahre gezeichneten Schild lese ich Wissenswertes über den Fluss, der mich begleitet hat, der zu meinem treuen Gefährten geworden ist. So unübersichtlich das Moor die letzten drei Tage auch war; der Fluss stand mir zwei Tage beiseite als Orientierung – besser als jedes GPS-Gerät. Eigentlich belanglos, was dort auf dem Informationsschild über den Fluss steht. Ich kenne ihn nun. Nach einigen Momenten des Entzifferns und Übersetzens gerate ich ins Stocken. Ich höre undeutliche Wortfetzen. Spricht jemand mit mir? Ich bemerke eine Frau, die unmittelbar hinter mir steht. Sie hat sich zu mir gewandt und blickt mich an. Auf ihre Frage, die ich nur halb wahrnehme, kommt nur ein Murmeln über meine Lippen. Die Frau, etwa Anfang vierzig, versteht offensichlich nur die Hälfte. Sie senkt den Blick und wendet sich ab. Auch ich drehe mich um.

Ich stolpere den letzten Teil des steinigen Pfades zur Straße. Die Sonne knallt wie ein brennender Spiegel auf meine Haut. Kein Schatten der Bäume reicht bis zum Seitenstreifen, über den meine klatschnassen Wanderstiefel fliegen. Es ist jetzt nicht mehr weit. Ich habe es bald geschafft zu diesem Fluss, zu dem ich schon so lange will. Es ist nicht mehr weit.

DER FLUSS DER FLÜSSE

North Saskatchewan River Crossing, Banff
Nationalpark, später Nachmittag

Der nördliche *Saskatchewan River* erstrahlt in der funkelnden Sonne. Der Fluss schenkt mir ein Schauspiel, das seit Jahresanfang meine Gedanken beherrscht. Er ist da, weil ich zu ihm gewandert bin. Über Stock und Stein, Straßen, Sumpf, unwegsame Vegetation. Der *Howse River* ist mit ihm vereint und hat mich zu ihm geführt. Es läuft mir eiskalt den Rücken hinunter. Gedankenfreiheit. Nur ich und der Fluss sind da. Ich lasse mich von der Ferne blenden, aus der der Saskatchewan kommt. Was für eine Weite. Die größte Dimension eines Wasserlaufes, die ich jemals gesehen habe. Nur ich und der Fluss. Der Anblick der breiten Strömung, die in ihren sich ständig verändernden Wasserspielen keinen Stillstand herbeizaubert, erfüllt mich mit Demut. Wie laut der Fluss ist. Als ob er mir zurufen würde, wie hocherfreut er sei, mich zu sehen.
Nur ich und der Fluss.
»Ich habe es geschafft!«, schreie ich heraus. Immer wieder.

Keiner hört mich. Nur alle paar Minuten fährt ein Auto den Highway am *Saskatchewan River* entlang. Mit aufgerissenen Augen spähe ich erneut in die Ferne, aus der mein Fluss kommt. Sekunden vergehen wie Stunden im grellen Licht der Sonne.

Mein warm gewordenes GPS-Gerät zeigt noch drei Kilometer zum *The Crossing Resort*. Hoffentlich ist dort nicht, wie vor ein paar Tagen in Field, alles ausgebucht. Nach diesen Tagen der Unwegsamkeit wären ein Bett und eine Dusche der Hauptpreis. Wenigstens für eine Nacht.

»Hey«, ruft eine piepsige Stimme. Eine strahlende Frau radelt auf einem Mountainbike wenige Meter hinter mir auf dem Seitenstreifen.

»Hallo.«

»Bist du ein GDT-Wanderer?«

»Ja«, antworte ich völlig verwundert, dass mich jemand auf den *Great Divide Trail* anspricht. Bisher kannten nur wenige den Namen des Fernwanderweges.

»Herzlichen Glückwunsch. Du hast es aus dem Dreck geschafft.«

»Danke. Sehr nett von dir.«

»Ich arbeite für Parks Canada in einem Informationscenter, nicht weit von hier. Schön, dass es Menschen gibt, die den GDT wandern.«

»Ja, bin froh, es bis hierhin geschafft zu haben. Ein gutes Gefühl.«

Die Frau steigt vom Rad ab und geht neben mir her. Ihr schlanker, muskulöser Körper schwingt im Gleichschritt. »Seit wann bist du unterwegs?«

»Seit über drei Wochen.«

»Der Wegabschnitt von Field bis hierhin ist nicht gerade leicht zu wandern.«

»Es geht. Zum Teil unwegsam.«

»Ich wohne hier in der Nähe. Die Gemeinde kümmert sich schon seit Jahren nicht mehr um die Instandsetzung des Trails. Ein matschiges Vergnügen. Wo schläfst du heute Nacht?«

»Hoffentlich im The-Crossing-Resort.«

»Ach, die sind fast immer ausgebucht und es ist teuer. Aber hier findest du viele Stellen zum Campen. Da oben zum Beispiel.« Sie zeigt auf ein rechts oberhalb von uns liegendes Plateau.

»Wildzelten ist hier im Nationalpark doch nicht erlaubt, oder?«

»Offiziell habe ich ja auch nichts gesagt«, lächelt sie mir entgegen.

»Ich habe auch nichts gehört«, sage ich mit einem breiten Grinsen.

»Na dann.« Sie schwingt sich zurück auf ihren Sattel.

»Viel Glück noch.«

»Danke.«

Mit einem Satz in die Pedale beschleunigt sie ihr Rad und strampelt rechts die Straße den Berg hinauf. Eine Rangerin mal ganz privat ohne Waffe und ohne grünes Hemd. Wie war das noch mal mit meiner momentanen Chance, die Gunst einer Frau zu erlangen? Ich denke lieber nicht weiter drüber nach und gehe schmunzelnd weiter.

Am Wegesrand steht kein Baum, kein Fels oder Fluss ist zu sehen. Ich bleibe stehen. Nun steht es wahrlich vor mir: das Gebäude am *Saskatchewan River*. Für einen kurzen Moment denke ich an heute früh. An die fast dreistündige Suchaktion. Ich atme tief durch.

Heißes Wasser läuft in die Badewanne. Umgehend ist der Spiegel im Badezimmer beschlagen und der kleine Raum gänzlich mit hoher Luftfeuchtigkeit gefüllt. Wie auch schon am Ruhetag in der Nähe von Field nutze ich keine Seife. Der Dampf der gefüllten Badewanne steigt empor. Nach und nach befreie ich meinen Körper von den dreckigen, durchgeschwitzten und an mir klebenden Klamotten. Der Anblick meiner Füße lässt mich seufzen. Rein da. Zentimeter für Zentimeter taucht mein Körper in das heiße Nass. Ich liege vollständig drin und stöhne so laut auf, dass meine Nachbarn des Bungalows vermutlich irritiert gucken oder denken, dass der bärtige Herr Damenbesuch hat. Das Wasser verdunkelt sich innerhalb weniger Augenblicke. Ich schaue zur Tür. Dort steht auf einem gepolsterten Stuhl ein weißes Paket mit Haukes Schrift.
Nur noch die brummende Lüftung des Badezimmers durchbricht die eingekehrte Stille.

Kapitel 8

DER NORDEN

*The Crossing Resort, Banff Nationalpark, 5. September,
7:10 Uhr*

Los geht es. Während ich entschlossenen Schrittes mit
den gestern trocken geföhnten Wanderschuhen über den
Parkplatz des Hauptgebäudes gehe, bemerke ich, dass
noch niemand anders unterwegs ist. Ich ziehe wohl die
Einsamkeit an, auch da, wo Menschen sind.
Am rechten Flügel umrunde ich das bungalowartige
Gebäude. Da ist jemand drin. Ich drücke den Türknauf
des Hauptgebäudes. Offen. Links am Ende des Ganges
sind ein paar weibliche Angestellte des Restaurants. Sie
tragen alle die gleiche Restaurantkluft, unterbrechen
ihre Unterhaltung und sehen herüber. Ich gehe zu ihnen.
Von einer der Damen werde ich als erster Gast des heutigen Tages ins Restaurant geführt. Freie Platzwahl.
Nachdem ich mit der jungen Frau kurz die Modalitäten
besprochen habe – Kaffee, stilles Wasser, All-you-can-
eat als Frühstücksbuffet, auch eine Kreditkarte hat der
bärtige Herr –, kann ich nicht aufhören zu lächeln. Ge-
bratene Würste, Kartoffelecken, Toast, Melonenstücke
und kross gebratener Speck liegen auf meinem Teller
und da kommt sie schon, mit einem breiten Lächeln,
und schenkt mir langsam, ohne zu kleckern, heißen

frischen Kaffee ein. Sie sagt, dass ich nur zu rufen brauche, wenn ich neuen Kaffee möchte.

Genüsslich verschlinge ich die fetthaltige Mahlzeit. Lächelt hier im Norden jeder? Träume ich? Kurze Zeit später stehe ich mit einem neuen Teller ganz nah am Buffet. *All you can eat.*

Es ist Nachmittag, 15:20 Uhr. In der Ferne steht ein graues Auto am linken Straßenrand. Einsam, verlassen, ein winziger Punkt in den Bergen. In dem vom Sonnenschein getränkten Horizont ist jenes Vierradgebilde ein unscheinbarer Klotz. Der nördliche *Saskatchewan River* ist zur Linken an der Straße mein treuer Begleiter, wie schon den ganzen Tag, bevor er gleich links in die Berge abzweigt. Seit dem Frühstück bin ich in der prallen Sonne am *Icefields Parkway* unterwegs. Doch irgendetwas passt nicht zusammen. Wo sind die Insassen des Autos?

Mit jedem Schritt auf dem Seitenstreifen der heißen Fahrbahn kommt dieser Klotz näher. Die Weite, die ich wohl nie imstande bin einzuschätzen, macht es nicht ergründbarer. Schon damals in Schweden hatte ich mit meinen norddeutschen Augen kilometerweite Horizonte vor mir und lernte, besser meiner Karte und meinem Kompass zu trauen. Jetzt bin ich natürlich modern und habe ein GPS-Gerät dabei mit metergenauer Messmöglichkeit, das mir quasi alles verrät über die Navigation. Doch meine norddeutschen Augen bleiben.

Die runden Umrisse des Kraftfahrzeuges werden deutlicher und meine Vermutung, dass sich niemand dort drin befindet, wird zu Tatsache. Plötzlich sehe ich das automatisch immer wieder aufblinkende Licht. Der Warnblinker ist an. Ich gehe schneller.

Plötzlich tauchen in dieser Einöde links vom *Icefields Parkway* zwei junge Frauen auf einer Anhöhe auf. Sie kommen aus dem dichten Gestrüpp gestolpert und rennen auf den blinkenden Wagen zu. Zeitgleich erreichen wir drei das Auto. Ihre Gesichter sind kreidebleich und die beiden gucken mich so an, als ob sie gerade ein Gespenst gesehen haben. Lediglich ein paar Wortfetzen statt vollständiger Sätze kommen über ihre Lippen. Die beiden Mädchen Anfang zwanzig sind völlig aus der Puste. Zwei kurze prägnante Fragen und die beiden geben mir wohl die kürzesten Antworten meines Lebens. Panisch verschwinden sie ohne Verabschiedung in ihrem kleinen grauen Pkw, knallen die Autotüren zu, beschleunigen und sind auch schon verschwunden.

Singend gehe ich auf die Anhöhe, auf der auch die verschwundenen Mädchen standen. Plötzlich stockt mir der Atem, während meine Augen zum reißenden Fluss hinüberschielen.

Etwas bewegt sich im Wasser am Ufer des *Saskatchewan River*. Ein Schatten im Sonnenlicht. Eine markante Silhouette, genau an der Stelle, wo *mein* Fluss aus den Bergen kommt. Der riesige Schatten bewegt sich schnell weiter. Direkt am Ufer.

Von einem Moment auf den anderen ist jede Mutmaßung mit einem Schlag dahin: Da ist ein Bär. Sein dunkles Fell leuchtet in der Abendsonne auf. Ich sehe seinen riesigen Kopf, dann den breiten Rücken, seine Beine. Auf einem Hügel, der sich unmittelbar vor dem Flussufer befindet, taucht er für den Bruchteil einer Sekunde auf, zeigt sich mit seiner ganzen Gestalt, dreht sich in meine Richtung und ist wieder weg. Achtzig Meter entfernt von mir.

Hat er mich angeschaut? Bermerkt hat er mich. Ohne Zweifel. Ich singe weiter. Nicht zu laut, nicht zu leise. Sie hören bekanntlich ja sehr gut.

Plötzlich tauchen die Umrisse seines Körpers erneut auf, erhellt in der noch recht starken Abendsonne. Ein hüpfender Schatten, ein Traben, wie ein Pferd. Was hat der Bär vor? Er rennt. In einem Mordstempo. Wohin?

Ich schreite auf der Anhöhe ein Stück voran, um mir einen besseren Überblick zu verschaffen. Meine Hand wandert zum Bärenspray an meinem Gurt. Sollte er gleich direkt auf mich zurennen, muss ich alle Ratschläge von Ryan beherzigen. Agieren.

Seine hüpfende Gestalt taucht erneut auf. Es ist ein Schwarzbär. Er ist riesig. Etwa drei Meter groß. Als würde er um sein Leben rennen, rast er über die hügelige Vegetation, doch nicht auf mich zu, sondern genau in entgegengesetzter Richtung dem *Saskatchewan River* folgend, der aus den Bergen entspringt.

Mit zittriger Hand hole ich meine Kamera aus der Wanderhosentasche und drehe ein verwackeltes Video. Doch auch die Zoomfunktion erfasst den Schwarzbären nicht mehr. Er ist verschwunden, an diesem reißenden Fluss, der mir seit Langem so viel bedeutet.

DIALOG DER EUROPÄER

Wilcox Campground, Jasper Nationalpark,
20 Uhr

»Der reißende Fluss im Yukon war atemberaubend. Er hat uns fast das Leben gekostet, als wir hineingefallen sind. Als ich meiner Freundin in der Nähe aus einem Sumpf helfen wollte, bin ich selbst mit versackt«, sagt die Belgierin, während sie mir tief in die Augen guckt.

»Oh mein Gott. Und weiter?«

»Als ich ihr irgendwie da rausgeholfen hatte, waren wir völlig fertig. Wir sahen aus wie Schlammmonster. Von oben bis unten. Der Sumpf hat dazu noch einen Wanderschuh von ihr verschluckt. Doch wo es weiterging, wussten wir immer noch nicht. Orientierung gleich null.«

»Wir hatten nicht mal eine Wanderkarte, geschweige denn ein GPS-Gerät. Und mit nur einem Wanderschuh zu gehen ist kein Vergnügen«, fügt die Polin hinzu.

»Jetzt kann ich drüber lachen.«

»Seid froh, dass ihr das überlebt habt. Sümpfe sind gefährlich. Da muss man höllisch aufpassen. Ein falscher Schritt und das kann es gewesen sein. Bin selber drei Tage durch einen Sumpf am Howse River gewandert. Das ist ein Nebenarm vom Saskatchewan. War keiner in der Nähe, der euch hätte helfen können?«

»An dem Tag haben wir auf dem Wanderweg eine Männergruppe gesehen, doch wir waren sehr langsam und daher waren sie fix über alle Berge. Wir sind lahm wie Schnecken«, lacht die Belgierin. Sie lacht immer. Nach jedem Satz, der über ihre Lippe kommt.

»Wandern ist zum Glück kein Wettrennen. Du meinst, ihr habt euch verlaufen? Und das ohne Handynetz? Wie seid ihr da rausgekommen, so ganz ohne Karte und Kompass?«

»Wir sind Bärenspuren gefolgt.«

»Mädels, ist nicht euer Ernst.«

»Wir dachten, es ist ein sicherer Weg aus dem Sumpf. Wenn ein zweihundert bis dreihundert Kilo schwerer Koloss, der ja auch versackt, einen Weg da rausfindet, dann machen wir uns das einfach zunutze«, lacht die Belgierin.

»Ich kann darüber nicht lachen.«

»Nach zwei bis drei Kilometern haben wir dann doch eingesehen … ja, es war nicht die beste Idee. Zumal die Bärenspuren sehr frisch aussahen. Wenn uns dann auch noch ein Bär gefressen hätte … Irgendwie sind wir dann da rausgekommen. Abends im Zelt waren wir halbe Leichen.«

»Wie sahen die Spuren aus? Waren die Tatzen vorne in einer Linie eng anliegend oder in einem Halbkreis auseinander?«

»Keine Ahnung. So genau guckst du da hin? Sie waren groß«, lacht die Belgierin. »Hast du denn schon mal einen Bären gesehen?«

»Heute.«

»Wo?«

»Am nördlichen Saskatchewan River. Dort, wo der Fluss am Icefields Parkway aus den Bergen entspringt.«

»Wow.«

»Ich wurde von zwei Mädchen gewarnt. Es war ein Schwarzbär. Er ist vom anderen Ufer auf meine Seite rübergeschwommen.«

»Ist er auf dich zugekommen?«

»Das sah zuerst so aus. Doch er ist nach wenigen Sekunden weggerannt.«

»Hattest du Angst?«

»Ehrlich gesagt, nicht wirklich. Zum Glück ist er nicht auf mich zugerannt ... Was mache ich nach der Begegnung? Hole mein GPS raus und markiere die Stelle, um die Koordinaten zu haben. Manchmal bin ich echt verrückt.«

»Wir sind auch verrückt«, sagt die Belgierin.

Wir lachen alle, auch der deutsche Radfahrer, der ebenfalls mit am Tisch sitzt.

»Es war ein wunderbarer Tag. Wisst ihr, ich bin noch recht platt von den Eindrücken. Habe heute so viele Täler gesehen.«

»Dito. Habe heute meine tausend Fahrradkilometer geschafft.«

»Hey, dann haben wir beide was zu feiern! Heute habe ich insgesamt sechshundert Kilometer auf meiner Wanderung erreicht.« Wir geben uns die Hand. »Du bist übrigens der erste Deutsche, den ich seit fast zwei Wochen sehe.«

»Ich habe seit Wochen keinen Deutschen mehr getroffen.«

»Könnt ihr beiden Überlebensexpertinnen eigentlich auch ein bisschen Deutsch?«, frage ich die beiden jungen Frauen.

»Wir können auch Deutsch«, antworten sie mir lächelnd.

»Was? Echt? Es ist ungewohnt für mich, jetzt wieder Deutsch zu sprechen.«

»Wir lernen Deutsch in der Schule in Belgien.«

»Wir in Polen auch.«

Trotz der Deutschkenntnisse der jungen Frauen pendelt sich erneut die englische Sprache ein. Viel zu gewöhnt scheinen wir alle daran zu sein, Englisch zu sprechen. Seit Wochen sind wir vier Europäer in diesem fernen wilden Land unterwegs. Voller Erlebnisse, gefüllt wie ein Glas, berichten die drei weiter über Ihre Eindrücke, während ich mir meine zweite warme Mahlzeit auf meinem kleinen Kocher zubereite. Zum Glück kocht das Wasser schnell, denn die Dunkelheit ist bereits hereingebrochen. Mein Hunger scheint unstillbar zu sein. Purer Genuss widerfährt meinem Geschmackssinn, während ich die ersten Löffel der Mahlzeit verdrücke. Der Genuss wird überschattet von einer ununterbrochen hämmernden Vibration unter meinen Füßen.

Plötzlich merke ich ruckartige Bewegungen meines deutschen Sitznachbarn auf der Bank. Er kramt in seinem Rucksack und zieht auf einmal eine viereckige Verpackung heraus.

»Habt ihr sowas schon mal gesehen?« fragt er in die Runde.

»Was ist denn das?« Auch die Belgierin und die Polin gucken mit weit geöffneten Augen auf den Tisch.

Mein Tischnachbar zieht eine vakuumierte Plastikscheibe nach der anderen aus seiner Tasche und wirft sie auf den Tisch. Sein breites Grinsen wird mit jedem weiteren Päckchen intensiver. »So was gibt es nur hier in Kanada. Ich war in so einem ganz speziellen Laden, in dem die das selber herstellen. Undenkbar in Europa.«

Auch ich nehme eine der Verpackungen in die Hand. »Sieht aus wie ganz normale Süßigkeiten, wie von Haribo.«

»Aber hier ist Marihuana drin.«

»Party!«, ruft die Belgierin in die Runde und fängt schallend an zu lachen. »Süßigkeiten mit Marihuana.«

»Ist das jetzt eigentlich legal in Kanada? Habe im Internet gelesen, dass die Regierung ein Gesetz zur Legalisierung verabschieden will.«

»Die Legalisierung ist noch nicht ganz umgesetzt, doch von der Regierung entschieden«, antwortet mir der lächelnde Süßigkeitenbesitzer.

Ich nicke und stochere weiter in meinen warmen Nudeln.

»Wollt ihr mal probieren?«

»Ja, sehr gerne«, antworten die beiden jungen Frauen.

»Wir würden zu Süßigkeiten niemals Nein sagen«, gackert die Belgierin. Ihr Lachen gleicht einer Melodie.

»Was ist mit dir?«

»Nein, danke. Ich esse liebe diese köstlichen Nudeln«, grinse ich.

Der letzte Löffel ist geschafft und langsam packe ich den Kocher, den Müll und meine Wasserblase ein. Ich klopfe auf den Holztisch, gucke in die Runde und sage: »Ich bin müde. Morgen geht es früh raus. War nett euch zu treffen.«

»Auf jeden Fall. Viel Glück noch auf deiner Reise.«

»Passt auf euch auf.«

Schon längst sind sie wieder in ihr Gespräch vertieft, unterhalten sich über die Marihuana-Legalisierung in Kanada, ihre Erlebnisse und Begegnungen hier in den Bergen. Es gibt viel zu erzählen über dieses Land.

Ich trotte den asphaltierten Weg zu meinem Zelt entlang. Zum Glück sind es nur wenige Meter. Der Lichtstrahl meiner Kopflampe durchbricht die längst eingebrochene Finsternis. Ich merke meine vibrierenden Füße so, als ob ich langsam über ein stromgeladenes Magnetfeld ginge. Jeder Schritt der heute gewanderten fünfzig Kilometer steckt im meinen Knochen. Mit verzogenem Gesicht werfe ich meine abgewaschenen Küchenutensilien in die Bärenbox beim Unterstand und knalle sie zu.

Im Zelt denke ich unentwegt an die Eindrücke des heutigen Tages. Wie viele endlose Täler habe ich heute gesehen? Wie viele messerscharfe Gipfel? Das aufleuchtende Fell in der Abendsonne von meinem großen Freund am *Saskatchewan River* tanzt kurz in meinen Gedanken. Seine trabenden Bewegungen der Sonne entgegen, den Fluss entlang. Seine emporragende Gestalt auf dem Hügel am Fluss mit seinem kurzen Herüberschauen und dem Verschwinden in seine Welt, in der ich sein darf.

Der Wecker ertönt. Das vibrierende Pressen, das auf meine Fußballen drückt, ist das Erste, was mich in meinen lichtdurchfluteten grünen vier Nylonwänden willkommen heißt.

Als ich aus dem Zelt krieche und mich aufrichte, seufze ich. Der schmerzhafte Gang zum Unterstand zu den Bärenkanistern lässt nichts Gutes ahnen. Ich packe meine Sachen ein, ohne ein Frühstück einzunehmen. Kein Appetit.

Ich stolpere den asphaltieren Weg auf dem *Wilcox Campground* entlang. Nach ein paar Schritten erblicke ich die Zelte meiner europäischen Zeltnachbarn. Die beiden Hitchhikerinnen packen ihre Ausrüstung und schenken mir ein verschlafenes Lächeln.

»Guten Morgen. So früh gehst du schon weiter?«, ruft die Belgierin.

»Frühaufstehen bringt total Spaß«, lache ich.

»Du bist wirklich verrückt. Vielleicht sehen wir uns wieder. Viel Glück.«

DER GLETSCHER UND DER PFEIL

Reiche Menschen sind in meiner Heimatstadt Hamburg in Blankenese oder am Jungfernstieg häufig anzutreffen. Immerhin gilt jeder achte Hamburger als reich. Während zahlreiche Reisebusse in Anthrazitgrau, Schneeweiß und Himmelblau den riesigen Parkplatz am *Co-*

lumbia Icefield Discovery Center einnehmen, sehe ich Gutbetuchte aus der ganzen Welt zu mir rüberschauen. Aus jeder Richtung kommen sie – diese Touristen mit ihren nigelnagelneuen Tagesrucksäcken und überdimensionalen Objektivkameras. Die meisten von ihnen sind im gehobenen Alter und haben sicher ein halbes Vermögen ausgegeben, um hier im hohen Norden zu sein, in dieser kargen Landschaft. Ihre weißen Haare werden von der grellen Sonne erleuchtet.

Auch ich habe mit der Sonne zu kämpfen, doch das ist das geringste Problem. Mein linker Fuß lässt sich mittlerweile nur noch in einem bestimmten Fallwinkel bewegen; der größte Teil des Fußes ist steif. Humpelnd geht es zum *Icefield Center*. Beim Blick auf die Uhr des GPS-Gerätes seufze ich. Fast neunzig Minuten habe ich für diese zwei Kilometer vom *Wilcox Campground* hierher gebraucht. Bald ist Mittag. Ein durchweg beklommenes Gefühl macht sich bemerkbar, während ich weiter langsamen Schrittes auf das große kantige Gebäude mit dem hellgrünen Dach zugehe.

Wie gestern Abend hängt mir die Trockennahrung der letzten Wochen aus dem Hals heraus. Entschlossen betrete ich das überfüllte *Icefield Center* und schaue mich um. Doch leider sind lediglich Souvenirs, bedruckt mit Fotos von Grizzlybären und dem *Icefield-Center*-Schriftzug zu kaufen. *Völliger Reinfall*, melden meine Gedanken.

Ich durchquere den Souvenirshop und befinde mich in einer Art Eincheckhalle für Gletschertouren auf dem

Columbia Icefield. Wortfetzen, Kindergeschrei und das Brabbeln der Angestellten von *Parks Canada* hämmern auf mich ein. Wo bin ich hier wieder reingeraten? Neben Toiletten und hochauflösenden Porträts des Gletschers an den Wänden scheint hier wohl nichts zu sein. Wo gibt es Essbares?

Plötzlich entdecke ich eine Treppe, die ins Obergeschoss führt. Jede Bewegung auf die nächste Stufe maximiert den durch mein Bein schießenden Pfeil. Angekommen im Obergeschoss strömen alle in eine Richtung. Es kann nur das sein, was ich denke. Schnell bildet sich eine Schlange. Es wird sicherlich einige Minuten dauern.

Mit einem Tablett in der Hand bestelle ich nach kurzem Grübeln Burger mit Pommes Frittes. Eine Flasche *Pepsi light*, eine kleine Tüte Chips, Teriyaki-Trockenfleisch und ein frischgebrühter Kaffee landen auf dem Tablett.

Ich versinke auf der gepolsterten Sitzbank mit luxuriöser Rückenlehne, injiziere mein Insulin und falle über das Tablett her. Mein Körper schreit nach Fett, so wie er es noch nie zuvor getan hat. Innerhalb weniger Minuten ist alles verdrückt. Die Fettsäuren verteilen sich in meinem Körper wie eine Lawine.

Glücklich und zufrieden verlasse ich das überfüllte Restaurant.

Draußen am *Icefields Parkway* ist zu erkennen, wie gigantisch groß dieser Gletscher ist. Wie ein kilometerbreiter gefrorener Flusslauf, der vom obersten Hang der vor mir stehenden Berge hinabfällt. Die funkelnde Sonne, die auf das Eisfeld knallt, wird nur von dem Schatten des linken Bergmassivs gebrochen. Kraterartige Risse schlängeln sich im Eisfeld: Gletscherspalten. Ich habe sie noch nie zuvor in natura gesehen. Nur in Filmen von Reinhold Messner oder dem britischen Bergsteiger Joe Simpson, der 1985 in eine solche tiefe Gletscherspalte fiel und sich nach Tagen aus eigener Kraft selbst aus diesem unwirklichen Naturraum rettete. Es ist bestimmt sehr anstrengend, bis dort oben zu gelangen, und dauert Stunden. In der Ferne kann ich Gruppen von Leuten auf dem Eisfeld erkennen.

Am Fuße des Gletschers funkelt auf einmal etwas in der Sonne. Obwohl dieses Objekt unnahbar weit entfernt ist, wirkt es im Kontrast zu den am Boden liegenden Steinbrocken beträchtlich groß. Ich erinnere mich an die Porträts im *Columbia Icefield Center*. Hatte ich nicht so eine Art rotes Gletschermobil auf den Bildern gesehen? Mit dem entsprechenden Kleingeld in der Tasche kommt jeder bequem auf den Gletscher mit seiner dreihundert Meter dicken Eisschicht.

Noch Stunden könnte ich mich an diesem endlosen Eis sattsehen, aber ich muss weiter.

TAL DER SCHREIE

Tangle Creek Falls, am Icefields Parkway,
drei Stunden später

»Hey. Alles gut bei dir?«, fragt der plötzlich neben mir
stehende junge Mann. Sein Cap und die halb runterge-
zogene Jeans erinnern mich an den amerikanischen
Rapper *Eminem.*

»Danke der Nachfrage.«

»Ich habe dich aus meinem Jeep bestimmt schon drei
Mal gesehen. Wo gehst du hin?«

»Nach Jasper.«

»Und wie lange bist du bisher unterwegs?«

»Seit fünfundzwanzig Tagen.«

»Du kannst gern mitfahren. Unser Campground ist in
Jasper.«

»Total nett von dir, mein Freund, doch ich bin Langstreckenwanderer und das hier ist Teil meiner Wanderung.«

»Verstehe, Bruder. Dann sehen wir uns in ein paar Tagen in Jasper. Wir sind noch vier Tage da. Such mich
dann einfach in Jasper auf dem Campground. Dann
feiern wir mit ein paar Bieren dein Ziel.«

Mit einem Handschlag verabschieden wir uns und er
geht zurück zu seinem weißen Jeep. Ich erblicke seine
bildhübsche Freundin, die auf dem Beifahrersitz wartet.
Nicht einmal sein Name ist mir bekannt, trotzdem
gleicht er einem guten Freund. Vielleicht gibt es in Jasper auch eine Kneipe, wie die *Tante Emma* auf dem

Kiez in Hamburg. Und der *Eminem*-Doppelgänger würde, sobald Jasper erreicht ist, meinen Kumpel Marco vertreten.

Ich sitze weiter auf dem staubigen Kiesboden am Wegesrand. Wie einfach es wäre ... Der Weg des geringsten Widerstandes. Ich müsste nur *Ja* sagen und dann wäre ich in wenigen Stunden in Jasper, könnte mir ein Hotel nehmen, weiter Fetthaltiges verzehren und einfach nur schlafen.

Ich stütze mich ab und hieve mich hoch. Mit einem Satz knallt mein mittlerweile sehr leicht gewordener Rucksack auf meinen Rücken, Wanderstöcke zur Hand und weiter geht es nordwestlich.

Natürlich melden sich wieder meine Füße. Ich spüre sie deutlich, besonders den Fußballen und die Ferse. Es drückt. Stromwellenartiges Flimmern geht von meinen Füßen aus, das sich wie messerscharfe Nägel in meine Fußballen drückt. Ich stöhne laut auf und verlagere so viel Gewicht auf meine Wanderstöcke wie es geht. Der linke Fuß fühlt sich so an, als ob er abgerissen sei, nur noch an meinem Körper hängt und dem Druck meiner Fortbewegung hilflos ausgesetzt ist.

Der *Mount Alberta*, der *Tangle Peak* und der sich vor mir immer weiter ausbreitende *Sunwapta River* schauen mir mit meiner Bürde zu. Die schweißtreibende Hitze der brennenden Sonne gleicht einem Fegefeuer. Mein Kopf hängt Richtung Boden. Pause. *Das kann es jetzt nicht gewesen sein wegen einer verdammten Verstau-*

chung, grüble ich. Was habe ich alles für diese Tour investiert? Stunde um Stunde. Und jetzt sitze ich hier.

Intuitiv ziehe ich einen Kugelschreiber aus der Brusttasche meines Wanderhemdes und nehme meine blaue Cap ab. *ICH WERDE ES SCHAFFEN* schreibe ich in Großbuchstaben über die komplette Unterseite des Schirms der Cap und setze sie wieder auf. Sie schützt mich vor dem Fegefeuer der Sonne und dem Aufgeben.

Und weiter. Unzählige Male kommt mein Slogan über meine Lippen.

Stunden später und nur wenige Kilometer weiter stehe ich am *Sunwapta River*. Ein endlos verlaufender breiter Fluss, der von Hunderten Steininseln und toten Bäumen gekennzeichnet ist. Ich erinnere mich an das *Columbia Icefield* von heute Mittag. Es kommt mir wie eine halbe Ewigkeit vor. Da in der Nähe entspringt dieser Fluss und sein Wasser ist auffällig cremig weiß. Innerhalb kurzer Zeit wäre man in solch einem eiskalten Gletscherwasser tot. Eine lähmende Unterkühlung – ein eiskalter Gedanke. Doch irgendetwas passt gerade. Ich setze mich auf einen Stein direkt am Gletscherfluss und versuche, meine diffusen Geistesblitze zu sammeln. Das sich direkt neben mir vorbeipressende dickflüssige Dunkelweiß scheint in Zeitlupe zu fließen. Auch die Sonnenstrahlen, die das Wasser aufleuchten lassen, erzählen mir von der Bedeutung des Flusses. Ich sehe nur noch den Fluss und sonst nichts mehr.

Plötzlich verbinden sich meine Gedanken mit einem Mann, der auch bei einer solchen langen Wanderung etwas Bestimmtes mit seinen Füßen gemacht hatte. Rüdiger Nehberg. Ich reiße ruckartig die Schnürsenkel meines linken Wanderschuhs aus dem Schleifenknoten und befreie meinen geschwollenen Fuß von den durchgeschwitzten Wollsocken.

Ein aufbrausender Schrei klingt in dem Tal, durch das der *Sunwapta River* fließt. Und erneut schreie ich aus voller Kehle. Fast bis zum Knie habe ich meinen Fuß samt Unterschenkel in das eiskalte Nass getaucht. Eine Welle tausender Eiskristalle durchschießt mein linkes Bein. Dieses Gefühl wird mit jeder weiteren Sekunde so präsent, dass ich nichts anderes mehr spüren kann. Weitere Schreie folgen. Ein paar Sekunden schaffe ich noch, bis ich mein Bein aus dem Gletscherwasser ziehe und tief durchatme.

Ein Moment der Leere begegnet mir. So leer wie das Tal vom *Sunwapta Rive*r. Schon lange ist kein Auto mehr den *Icefields Parkway* entlanggefahren und auch sonst ist hier niemand. Es dauert nicht mehr lange, bis sich auch die Sonne verabschiedet.

Beim Verlassen des Steines am Gletscherfluss und dem ersten Auftreten meines linken Fußes merke ich erneut diese Leere. Eine Leere, die ich sonst für selbstverständlich halte. Ein humpelnder, fast normaler Schritt folgt dem nächsten.

DIE KRÄFTE DES WASSERS
Jonas Creek Campground, Jasper Nationalpark,
abends

»Deine Beine sehen nicht gut aus. Hast du Schmerzen?«, fragt der Hobby-Camper erschreckt. Er betrachtet meine geschwollenen Beine und die einige Tage alten Schürfwunden.

»Nein«, antworte ich mit trockener Stimme.

Er hat wie die Frau neben ihm ein randvolles Rotweinglas in der Hand. Es ist schon wieder die Frau von vorhin, die unaufhörlich auf mich eingeredet hat. Das vorherige Gespräch hatte ich mit dem Argument beendet, dass es in einer Stunde dunkel sei und ich noch viel zu tun habe.

»Können wir dir helfen?«, lallt mir die Frau entgegen, die sich immer dichter zu mir bewegt, als ob sie kurz davor ist, mich zu küssen.

»Danke. Meinen Beinen geht es prächtig. Ich bin schon lange unterwegs …«, winke ich ab.

Sie trinken sicher schon länger. Ich wende mich von ihnen ab und gehe zurück zu meiner auf dem Boden liegenden Ausrüstung. Ich habe Hunger. Hoffentlich gehen sie mir nicht hinterher und erzählen mir ihre halbe Lebensgeschichte.

Viel Zeit bleibt mir nicht mehr. Die Tage werden jetzt im September kürzer. Vielleicht ist in einer Dreiviertelstunde der allumfassende Schatten da, der mich zwingt, umgehend ins Zelt zu gehen. Ich muss noch kochen, endlich essen, abwaschen, Müll entsorgen, Zelt aufbauen, Luftmatte aufpumpen und eine Okay-Nachricht per GPS-Sender in die Heimat schicken. Und da ist noch etwas anderes, um das ich mich kümmern muss, – ansonsten kann ich die Tour abbrechen. Endgültig.

Eine kleine Gruppe junger Menschen kommt mit Ihrem Kombi auf dem *Jonas Creek Campground* an. Die beiden Pärchen begutachten die dunkelgrünen bärensicheren Eisenboxen, von denen ich unweit entfernt auf dem Waldboden sitze und meine gekochte Mahlzeit genieße. Nachdem sie von dem hinter mir auf einer Anhöhe gelegenen Zeltplatzbereich wiederkommen, tragen sie ihre Campingausrüstung und sogar einen elektrischen Tischgrill in die Richtung, in der auch mein Zelt bereits aufgebaut steht. Ich muss an Hauke denken, was er in *Kananaskis Lakes* auf dem Campground sagte: *Einfach nur weniger riechen als die Nachbarn.* Wenn sie sich zu nah an meinem Zeltplatz befinden, werde ich sofort mein Zelt woanders aufbauen. Diese Teilzeithobbycamper. Hoffentlich nehmen sie nicht ihre Zahnpasta mit ins Zelt. Es ist wie auf der Autobahn: Man kann so sicher und vorsichtig wie möglich fahren und trotzdem in einen Unfall verwickelt werden.

Es wird dunkel. Durch meinen linken Knöchel schießt wieder ein Pfeil. Auch ohne ihn zu bewegen drückt es fortan, als ob ein hundert Kilo schwerer Betonsack draufliegen würde. Ich denke erneut an Rüdiger Nehberg, an seinen Deutschlandmarsch, den er 1981 ohne Essen und Zelt überstanden hat. Er hatte sich mit dem Schmerz sozusagen angefreundet und sah ihn als unerlässlichen Teil seiner Wanderung an. Es gibt nur eine Möglichkeit, etwas gegen diesen erdrückenden Pfeil zu tun: Ich muss mich drum kümmern.

Die ersten Beleuchtungen der Campgroundbesucher erhellen die angebrochene Dämmerung. Ein winziger Pfad schlängelt sich abwärts in Richtung des in der Dunkelheit zu hörenden Rauschens. Der Fluss muss in unmittelbarer Umgebung sein. Mit jedem kneifenden Gefühl meiner auf dem harten Boden aufschlagenden Füße merke ich die unerwartet weite Distanz zum Fluss. Immer mehr Steine tauchen auf dem nur mit dem Lichtstrahl meiner Kopflampe erkennbaren Pfad auf. Wie laut soll der Fluss eigentlich noch werden?
Nach weiteren vorsichtigen Schritten auf den glatten Steinen sehe ich ihn. Das Licht zeigt seinen funkelnden Spiegel. Ich setze mich auf einen sehr nah am Wasser gelegenen Stein und löse mit einem tiefen Seufzer die Schnürsenkel meiner Wanderstiefel. Ich stöhne laut auf, als ich meine nackten, mit Blasen und Druckstellen behafteten Füße in die Kälte eintauche, bis zu den Knien. Langsam tötet die Kälte des Flusses erneut mein Gefühl in den Beinen, was sich wie ein stechender, umarmender eisiger Umhang anfühlt. Vier Minuten. Alles zieht sich zusammen. Im Lichtkegel meiner Kopflampe

erscheinen meine knallroten Beine im klaren Wasser des reißenden Flusses.

»Hey, ho. Eins, zwei. Alles ist gut, Kumpel. Los geht's«, rufe ich in die Dunkelheit, das Rauschen des Flusses übertönend.

Durchhalten, noch drei Minuten. Mir fallen die zahlreichen Schnittwunden und Schürfungen auf. Sie sind dunkelrot, mit Dreck überzogen und schillern mir durch das spiegelnde Funkeln des Wassers entgegen. Die dunklen Stellen meiner Wunden lösen sich und ein Rinnsal von Dreck fließt im Fluss davon.

AM NÄCHSTEN MORGEN
7. September

In der Morgenkühle verlasse ich mit vorsichtigen Schritten den Campground am *Jonas Creek*. Der stechende Pfeil im linken Bein scheint noch zu schlafen, wie alle anderen Besucher des Zeltplatzes. Der Himmel ist mit cremigweißen Wolken verhangen und die Morgensonne schaut nur an einem winzigen Punkt herab.

Ein Drücken macht sich im Magen bemerkbar. Darum kümmere ich mich später. Ich muss weiter.

Nach wenigen Momenten sind ein paar hundert Meter bezwungen.

Nach zwei Stunden im Morgentau auf dem *Icefields Parkway* schaue ich zu meinem GPS-Gerät. Es ist neun Uhr. Beim Aufleuchten der Kilometeranzeige schreie ich laut auf. Zehn Kilometer. Hat sich der Pfeil aufgelöst? Ein Hoch auf das Gletscherwasser. Die Schwellung ist im Vergleich zum rechten Bein zurückgegangen.

Trotz des knurrenden Magens setze ich einen Fuß vor den anderen, die Kopfhörer in den Ohren. Lauthals singe ich.

GESCHENKE DES HIMMELS
Nahe des Athabasca Falls, Jasper Nationalpark,
mittags

Der Rastplatz neben der urigen Telefonzelle am *Icefields Parkway* ist der perfekte Ort für eine Pause, mitten im 10.878 Quadratkilometer großen *Jasper Nationalpark*, dem größten Nationalpark in den kanadischen Rocky Mountains. Auf einem weißen Stein lasse ich mich mit einem tiefen Atemzug nieder.

Das knirschende Geräusch der Schottersteine ertönt, als ein hellbrauner Kombi heranbrettert und unmittelbar vor mir anhält. Ein alter Mann mit einem grauen Vollbart steigt aus. Sein prüfender Blick schräg herüber in meine Richtung lässt mich für den Bruchteil einer Sekunde innehalten. Dieses faltige Gesicht, die Statur, die ergrauten Haare, der klare Blick ... Ich kenne diesen Mann. Nur woher?

»Hey. Willst du eine eiskalte Pepsi light?«

»Ja, natürlich«, lächle ich ihn an.

Kurzerhand öffnet er den Kofferraum, holt aus einer Plastikbox eine Halbliterflasche und wirft sie mir zu. Er bricht eine bereits angebrochene Tafel Milchschokolade mit Haselnüssen in zwei Hälften und reicht mir eine rüber.

»Dankeschön. Das passt perfekt zu meinen Erdnussriegeln.«

Wir plaudern weiter, während er sich noch eine *Pepsi light* holt. Dann setzt er sich mir gegenüber auf einen Stein. Wer ist er? Mein Großvater?

»Mein amerikanisches Handy funktioniert hier irgendwie nicht. Verflucht.«

»Vielleicht funktioniert die Telefonzelle hinter uns.«

»Das werde ich gleich mal testen.«

Der alte Mann ist Geologieprofessor in Washington D.C. und will seinen alten Freund in Canmore anrufen, um eine Zeit auszumachen, wann er ihn besuchen kann. Es ist das Tal neben dem *Mount Rundle*, wo sich Canmore befindet. Am dreizehnten Wandertag sind Hauke und ich vom *Spray Lakes Reservoir* westlich dieser Kleinstadt gewandert. Ein aufblitzender Ausschnitt der Wanderkarte erscheint vor meinem geistigen Auge, als wäre es gestern gewesen.

»Weißt du eigentlich, dass die Leute von den umliegenden Campgrounds hier über dich sprechen? *Der Gen-*

tleman, der auf dem Icefields Parkway zu Fuß unterwegs ist, heißt es.«

»Ein Gentleman? Wenn die wüssten ... Ich stinke. Seit fast einer halben Woche habe ich mich nicht gewaschen«, lache ich.

»Na ja, die Menschen sehen dich aus ihren Autos. Sonst passiert hier ja nicht so viel. Einige haben dich sogar schon mehrfach gesehen. Ich selbst ja auch.«

In Gedanken schweife ich ab. Sehen die Menschen in mir *Forrest Gump*, der im Film so lange lief, bis er einen Bart bekam?

Plötzlich hält ein weiteres Auto nahe der Telefonzelle an. Ein junger Mann und eine dickliche junge Frau mit neongelben Warnwesten gehen entschlossenen Schrittes an uns vorbei zum Fluss. Sie tragen sperrige Objekte mit sich. Messgeräte. *Alles Wissenschaftler um mich rum*, denke ich.

»Weißt du, ich habe schon mit vielen Wildtieren zu tun gehabt auf meinen wissenschaftlichen Expeditionen. Am meisten haben mir die Schlangen gefallen.«

»Die es hier in den Rockies anscheinend gar nicht gibt, oder?«

»Nein, das Wetter ist für Schlangen hier viel zu wechselhaft. Weißt du, auf meinen Expeditionen hatten die Klapperschlangen und andere Giftschlangen mehr Angst vor mir als ich vor ihnen. Skorpione und Schlangen sind wirklich sehr interessante Tiere. Wenn man sie richtig anfasst, dann können sie einen gar nicht beißen.

Na ja ... meine Kollegen in den Staaten haben mich häufig für verrückt erklärt.«

»Also, das würde ich aber auch meinen. Du bist ziemlich verrückt«, entgegne ich ihm lächelnd.

»Nun ja, mein Freund, du traust dich hier alleine raus in die Rockies. Du bist auch ziemlich verrückt.«

Unsere Blicke kreuzen sich und wir lachen aus vollem Halse.

»Tausend Dank für den Snack.«

Er nickt und wirft mir einen gutmütigen Blick zu. Wir geben uns die Hand.

Mit vollem Magen geht es weiter am Straßenrand in nordwestlicher Richtung. Nebelschwaden haben sich ausgebreitet, die Sonne hat den Kampf am Himmel verloren.

Ein Hupen ertönt hinter mir. Ich drehe mich um und winke dem Professor zu. Während er an mir vorbeifährt, fällt es mir ein: Am *Wilcox Campground*, nachdem ich den Schwarzbären gesehen hatte, begegnete ich ihm, kurz bevor ich die Europäer getroffen habe.

Mit einem Lächeln gehe ich weiter an der Straße nach Nordwesten.

DER WUNSCH

Kerkeslin Campground, Jasper Nationalpark,
8. September

So verschlafen sich die tiefen Wolkenschwaden im Tal
von Kerkeslin an diesem frühen Morgen ins Nichts verabschieden, so schnell bin ich bereits dabei, ebenfalls
Lebewohl zu sagen zum leeren, riesigen Campground.
Nur das tosende Grollen des reißenden Flusses erklingt
im Nebel. Keine Menschenseele. Jeder Atemzug lässt
einen kalten Schwall Kondensnebel herausströmen.
Die Kopflampe spendet mir im grauen Nebel ein wenig
Licht, während ich aus der Eisenbox mein Hab und Gut
hole. Ich fülle Wasser aus dem Trinkhahn in meinen
Wasserbehälter. Alles Weitere stopfe ich zügig in meinen Rucksack. Kein Zähneputzen. Kein Insulin. Kein
Frühstück. Alles erst später. Mit Schwung steige ich
über die Absperrung des Campgrounds – eigentlich ist
er geschlossen, die Saison ist beendet. Dem leeren Loch
auf dem *Icefields Parkway* gehe ich entgegen, das so
neblig erscheint wie der raue Wald, der mich umgibt.
Würde man querfeldein gehen, in dieses graue Labyrinth von hohen Nadelbäumen, kehrte man nicht mehr
zurück. Man wäre verschollen.
Kein Auto fährt an diesem Morgen. Nur ein einsamer
Wolf – ich – trottet durch die feuchten Nebelschwaden.
Minuten vergehen wie Stunden. Jeder Aufprall der
Wanderstiefel auf dem feuchten Asphalt lässt die zahl-

reichen Blasen unter meinen Füßen brennen. Ein Marsch auf Lava.

Stunden später hält ein Wohnwagen mit einem asiatischen Ehepaar und einem Baby an, um mich mitzunehmen. Ich lehne dankend ab. Mit zusammengebissenen Zähnen geht es weiter neben dem *Athabasca River*. Ohne Appetit, ohne Gedanken. Ich habe nur einen Wunsch.

Beim Überqueren des breiten Flusses wirkt das monotone Rauschen des Wassers, das an den Steinen im Flussbett vorbeijagt, wie ein Mantra. Der Nebel hält weiter an. Nur zwei Riegel sind verspeist, bald gibt es mehr.

Vor einem grünen weißumrandeten Schild am Wegesrand bleibe ich abrupt stehen und lache lauthals aus ganzer Kehle. *Alle Dienstleistungen* steht auf dem Schild mit einem blauen Fragezeichensymbol. Da, wo ich hingehe, gibt es also alle Dienstleistungen – was das Herz begehrt. Was auch immer die Kanadier darunter verstehen. Auf dem Kiez in Hamburg würde dieses Schild gut ankommen.

Zwei weitere Autos halten an, um mich mitzunehmen. Ein steinalter Mann und eine laut schreiende Jugendgruppe. Ich lehne ab. Ich habe nur einen Wunsch.

Mein Herzschlag wird schneller und ein dumpfes Gefühl, eine gewisse Leichtigkeit schleicht mir von den Schultern den Rücken hinunter, als ob ich meinen Körper nicht mehr vollständig wahrnehme. Bin ich zum Nebel geworden und hänge selber in der Luft über den Bäumen?

Die Umrisse der vom Nebel verschluckten Berge ragen oberhalb der Straße in das weiße Nichts. Jedes Mitschwingen meines Oberkörpers im Takt der Schritte hat sich dem Rauschen des 1.231 Kilometer langen *Athabasca River* angepasst.

Ich erreiche die Kreuzung, von der mir das GPS-Gerät berichtet hat. Die Ampel schaltet auf Grün und ich trotte hinüber, mit vibrierenden Füßen.

Zwei Mädchen mit Mountainbikes fahren auf dem Bürgersteig an mir vorbei.

»Hey. Entschuldigung. Könnt ihr von mir kurz ein Foto machen? Ich bin Langstreckenwanderer und für mich ist das jetzt gerade ein wichtiger Moment.«

»Ah, du bist der Wanderer von vorhin. Wir haben dich schon zweimal gesehen … Na klar«, lächelt mich das Mädchen an.

Ich reiche ihr meine Kamera und gehe zu einem Schild, das aufwendig mit Steinen einbetoniert ist und ein gemaltes Bild von den Rockies zeigt. Das Pochen meines Herzens wird schneller und ich positioniere mich vor dem Schild mit meinen Wanderstöcken in der Hand, mit hoch gezogenen Ärmeln, meinem auf halb acht hängenden Bärenspray und einem breiten Lächeln.

»Kannst du noch ein zweites machen?«

»Habe ich bereits gemacht.«

»Tausend Dank.«

»Ach so, eins noch … Warum ist das gerade ein wichtiger Moment?«

»Ich bin am Ziel.«

Liebe Eltern!

Mit ein bisschen Gänsehaut im Rücken und einer großen Portion Demut kann ich euch mitteilen, dass ich meine 27-tägige Langstreckenwanderung mit einer gesamten gewanderten Distanz von 700 Kilometern heute erfolgreich beendet habe. Der längste Weg meines Lebens.

Ich bin vor zwei Stunden in Jasper angekommen. Kann es selbst noch nicht fassen, dass ich vom Crownsnest-Pass im Süden der kanadischen Rocky Mountains bis hier in den hohen Norden komplett zu Fuß gegangen bin.

Alle meine Pläne sind aufgegangen und ich sitze gerade auf Klo im Hotel in Jasper :-) Morgen früh geht es um 6:45 Uhr per Bus nach Edmonton, da morgen mein Rückflug ist.

Es ist ein unbeschreibliches Gefühl, es geschafft zu haben.

Gleich werde ich duschen und mein Bärenspray im Visitor Center abgeben. Mein linker Knöchel ist verstaucht, meine Füße sind voller Blasen und geschwollen. Doch es ist alles halb so wild. Mir geht es gut.

Ich freu mich auf unser Wiedersehen.

Liebe Grüße!

Dominik

EPILOG

Der morgendliche schwarze Schleier umhüllt die kleine verschlafene Stadt Jasper im rauen Norden. Kein Auto fährt an diesem frühen Morgen, kein Fußgänger passiert die Hauptstraße zum zentralen Busbahnhof. Nur ich trotte langsamen Schrittes über den Bürgersteig. Ich spüre diese Energie, die durch meinen Körper fließt, mich zum Lächeln bringt. Ich bin hellwach, obwohl ich tagelang schlafen könnte.

Meine Füße kribbeln. Ein präsentes Gefühl, vor dem man nicht flüchten kann. Das asynchrone Humpeln verliert sich in einer Endlosschleife, einer Suche nach einer Stelle am Fußballen, die den geringsten Schmerz bringt. Jeder Widerstand des Bodens gleicht dem Biss einer Schlange.

Mein Kontrollblick bringt mich erneut zum Lächeln. Nein, ein Wildtier ist hier sicher nicht zugegen. Es ist eher eine Gewohnheit, die ich in den letzten vier Wochen entwickelt habe. Mein Bärenspray ist nicht mehr dort, wo es so lange in der Gurtschnalle steckte.

Leere.

Auch später im Bus auf dem langen Weg zum *Edmonton Airport* spüre ich sie, diese Energie. Meine Gedanken kreisen um meine Erlebnisse. Die dinosaurierartigen Zacken oben an den schneebedeckten Hängen, die mir wochenlang zur Seite lagen.

Das eine schneeweiße Auge von Ryans Golden Retriever mit der Pupille, wie eine pechschwarze Träne, schaut mich vor meinem geisten Auge an.

Die bellenden Hunde in *Kananaskis Country*, wie sie mit dem Grizzly sprechen, melden sich ebenfalls in meinem Bewusstsein.

Die unbeugsamen Blicke des Wolfes und die beißende Nässe der drei Tage im Sumpf am *Howse River*.

Der riesige Schwarzbär am *North Saskatchewan River* mit seinem aufleuchtenden Fell in der grellen Sonne. Ein Karussell von Eindrücken aus der Natur. Und fortan diese Zacken, die ich niemals vergessen werde. Jene endlosen felsigen Naturkathedralen. Die raue Seele der Rockies. Ich spüre sie, diese Energie. Und dieser Song, der *Schrei der Berge*, mit dem Songtitel *Medicine Chant*, hallt in meinem Kopf. Das meditative Lied mit dem Video von *Anilah*, wie damals in meiner Wohnung auf dem Kiez, als ich noch nicht genau wusste, wohin mich dieser Song *wirklich* bringen wird.

Der mit jedem Atemzug präsente Gemütszustand gleicht einem Schmetterling, der sich im leichten Wind verliert, ohne sich verloren zu haben. Es strömt durch meine Venen. Von Kopf bis Fuß. Mein Blick wandert von den Hunderten von Nadelbäumen am Straßenrand zu meiner deutschen Sitznachbarin. Ihre Lippen bewegen sich. Sie lächelt, so wie ich.

Die junge Frau kommt von einer Exkursion mit ihrem Studienjahrgang, war noch mit einer Freundin wandern und fährt nun auch nach Hause. Sie hat viel erlebt und berichtet mir einiges mit leuchtenden Augen. Auch sie ist dankbar. Ich rede nicht, schweige. Einige Zeit später verstummt sie ebenso und schließt ihre Augen, während der Bus von *Greyhound* weiter auf der verlassenen Straße durch die Landschaft fährt.

Diese geheimnisvolle Energie strömt weiter durch meinen Körper, während ich auf dem Sitz einschlafe.

NACHWORT

Höchster Dank geht an die Menschen, die mich in der Tourvorbereitung und bei diesem Buchprojekt unterstützt haben. Es hat vieles leichter gemacht, trotz zum Teil schwieriger Herausforderungen. Die Wanderung macht die Menschen, die ich auf der Tour in der Einöde traf und jene Personen, die mir vorher und besonders nachher behilflich waren, unvergesslich.

Besonderer Dank gilt meinem verstorbenen Onkel Michael Dudek, der mich ein halbes Jahr vor seinem Tod darauf gebracht hat, ein Buch über meine Wandertour in den Rocky Mountains zu schreiben. Möge seine Seele in Frieden ruhen am Fuße des Hügels, nahe der Elbe, wo er begraben ist. Ohne seinen Impuls wäre dieses Buch aus meiner Feder niemals entstanden. *Ich bin Dir ewig dankbar.*

Meinem Tourpartner Hauke Timme und meiner Mutter Monika Hölzen-Dudek danke ich für das Korrektorat sowie Erik Kinting für das Lektorat und allen weiteren erforderlichen Schritten zur Veröffentlichung.

Die zeichnerische Kunst der handgemalten Landkarte vom *Great Divide Trail* von Jana Johanna Karner ist für mich persönlich die schönste und bedeutendste Wanderkarte, die ich in meinem Leben gesehen habe. Vielen Dank ebenso an Niels Karner für die Beschriftung.

Mein Dank für die Unterstützung geht außerdem an meinen Vater Konrad Hölzen, ebenso an meine Tourenpartner der atemberaubenden Wanderungen in den Bergen der letzten Jahre: Andreas Schäfer, Jan Popp, Jan Brüwer und Oscar Kubatzki. Ohne unsere Touren der letzten neun Jahre wäre ich niemals in die Rocky Mountains gekommen.

Zu guter Letzt geht mein Dank an die Person, die gerade diese Zeilen liest und Teilhabe hatte an der kanadischen Wildnis.

Zeitfracht Medien GmbH
Ferdinand-Jühlke-Straße 7
99095 Erfurt, Deutschland
produktsicherheit@kolibri360.de